稻盛哲学

[日] 皆木和义 著
周征文 译

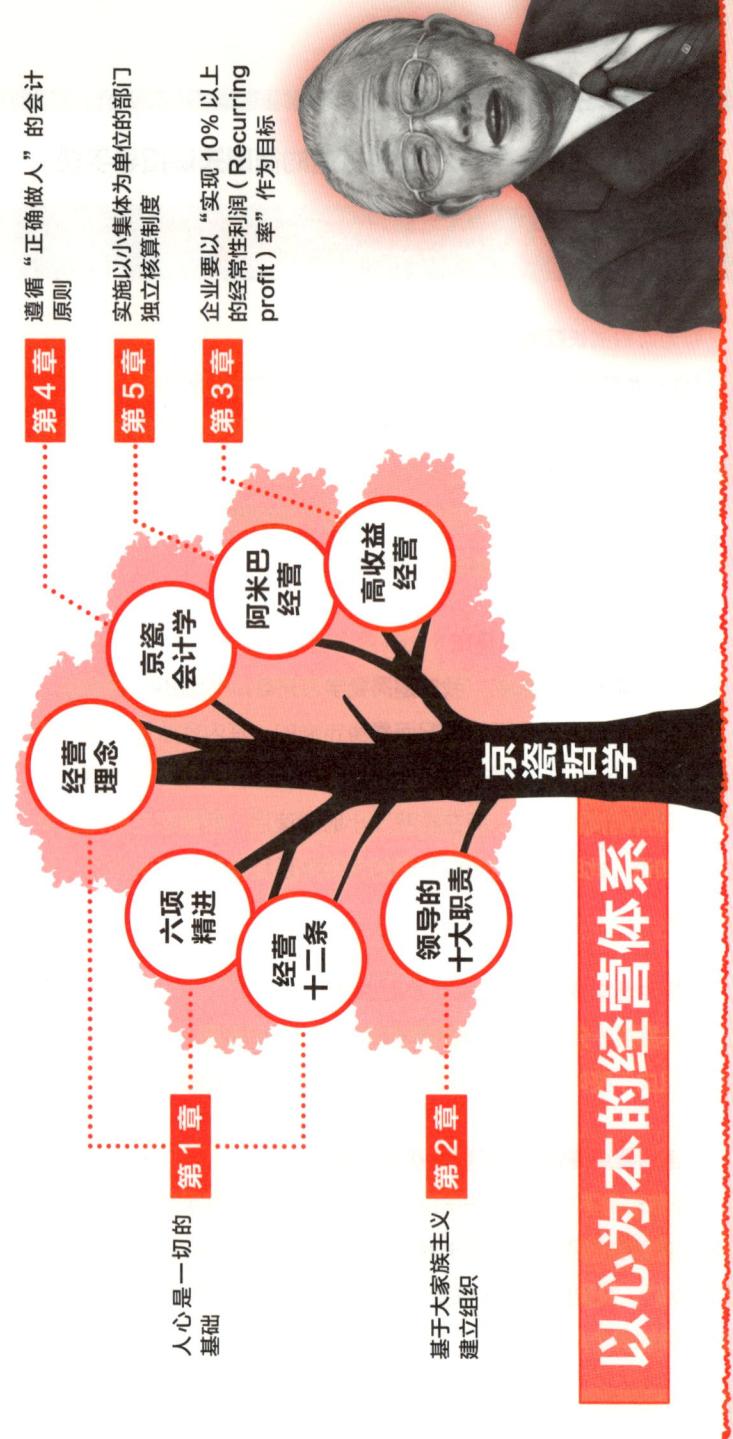

前言　企业经营泰斗的真意和精髓

作为企业经营者和创业者，我对业内的一些前辈深怀敬意，而稻盛和夫先生（以下斗胆略去敬称，简称为"稻盛"）便是其中之一。

2012年，以"员工10人以上"体量的企业为对象，日本产业能率大学开展了一项调查，主题为"2012年最优秀的企业经营者"，结果稻盛位居榜首。2010年，日航陷入了"申请企业破产重组"的境地，可在稻盛的接手拯救之下，其在短短3年内实现了重新上市，这般卓越的企业经管水平，获得了世人的高度评价。此外，以稻盛为塾长的"盛和塾"（总计70家分塾）共计培养了8000多名塾生，他们在彼此学习和切磋中收获颇多。

1959年，稻盛用300万日元资本金，成立了京都陶瓷株式会社（如今的京瓷），他历任社长和会长，1997年起转任名誉会长。

京瓷起初主要生产显像管电视机上的关键部件"U形绝缘体"，之后逐渐扩大产品线和业务领域，最终成长为多业务遍及全球的综合性集团企业。

1984年，乘着日本政府推行电信业务自由化的风口，他成立了"第二电电株式会社"（2000年DDI、KDD、IDO三家公司合并，公司更名为KDDI）。

2010年，稻盛就任日本航空的会长，致力于公司摆脱困境、重整旗鼓。最终在他的执掌之下，日航浴火重生为"利润率在全世界居业内第一梯队"的航空公司。

京瓷也好，KDDI也好，日航也好，它们之所以能实现高收益，皆是稻盛将自己的"人生哲学"投影到企业经营中的结果。

回顾初心，以"作为人，何谓正确？"来判断事物的稻盛哲学，被归纳总结为"京瓷哲学"，它成为稻盛经营的基础。

为与全体员工共有该哲学，实现"劳资一体"的经营状态，稻盛提出了"大家族主义"，即立足于"人与人之间的坚强纽带"来建立组织。

为保障员工（及其家人）的幸福，稻盛又主张"企业应以高收益为目标""企业必须强化财务体质"。

此外，稻盛还进一步指出"不懂会计，称不上真正的企业经营者"，即强调会计学的重要性。换言之，要让企

前 言

业实现高收益，经营者就必须懂得"数字的意义"和"钱的流动"。

至于实践稻盛经营哲学的具体方法，则要数"阿米巴经营"了。此经营模式将企业组织细分为名为"阿米巴"的小集体，并以"单位时间附加价值"作为考核各阿米巴的指标，从而实现各阿米巴独立核算、自主运营的经营体系。

可见，稻盛正是这般基于"作为人，何谓正确？"的原理原则，创造了"以心为本"的卓越经营体系，从而成为受人景仰的"企业经营泰斗"。

当然，就算向稻盛学习，也并非一定能成为稻盛。但若能以他的教诲为基础，加之自身的钻研和创意，谁都有超越稻盛的可能。而这想必也是稻盛本人所望之事吧。

身为作者，本书是我所习得和领悟的"稻盛哲学"的浓缩精华。在从事企业咨询师的工作中，我一直基于这些根本理念，结合各企业的自身特性，开展指导。

那么让我们循序渐进，开始学习"稻盛哲学"的各个要点吧！

本书内容所涉及相关信息的时间截点是 2013 年 7 月，若与读者朋友垂阅时的信息有所出入，则恳请理解。

目 录

第1章　运用哲学，开展企业经营

1　若无"经营哲学"，则企业发展无望 …………… 2
　　重视"不可见资源"的企业方能成长
　　共同的价值观才能让员工方向一致

2　追求全体员工物质和精神两方面的幸福 ……………… 6
　　递到稻盛和夫面前的"请愿书"
　　与"经营者的梦想"相比，员工更重要

3　企业要走向世界，需要高层次的"哲学" ………… 10
　　经营哲学是企业的根本性指导原理
　　通过《京瓷哲学手册》，学习"活法"

4　经营企业，以心为本 ……………………………… 14
　　人心最为可靠
　　京瓷的原点是"人与人之间的坚强纽带"

5 **企业经营者，要按"原理原则"做出决断**………… 18
　■ 作为人，此为善举？抑或恶行？
　■ 身为经营者，必须坚持"天道"

6 **利他终会利己**……………………………………… 22
　■ 身为领导，必须"为他人尽力"
　■ "好心有好报"是企业经营的本质

7 **动机至善，私心了无**……………………………… 26
　■ 电信业的门外汉，为何创立"第二电电"？
　■ 一边自省，一边坚持"行普遍之善"

8 **人生·工作结果＝思维方式 × 热情 × 能力**…… 30
　■ 人生和工作的结果是三大要素的乘积
　■ 高层次的热情和思维方式能够弥补能力的不足

9 **助力实现成功的"经营十二条"**………………… 34
　■ 人人可用的经营要诀

10 **以纯粹之心持续精进，经营势必顺风顺水**…… 39
　■ 实现美好人生的六大实践项目

小专栏 1

从松下幸之助身上悟到了"念想"的重要性 …… 43

第 2 章　超越雇佣关系

1 **领导带好队伍所需的"十大职责"** ……………… 46
　"会用人者"＝"受人尊敬者"

2 **大家族主义化解劳资对立** …………………………… 51
　以实现企业"劳资一体的经营"为目标
　要实现大家族主义，经营理念不可或缺
　"缺乏关爱"是企业丑闻的诱因之一

3 **打动人不可光靠钱，而要靠心** ……………………… 55
　有比工资和奖金更重要的东西
　"劳资同轴"乃立业之本

4 **对于努力的部门，企业要给予称赞和感谢** ………… 59
　"业绩与薪资挂钩"容易产生不公平感
　通过全体降薪，挺过石油危机

5 **唯有率先垂范，员工才会追随** ……………………… 63
　视企业为私有物的经营者，会被员工抛弃
　以身作则是领导的职责

6 **企业如建筑——用人为墙，用人为城** ……………… 66
　小石大石，皆有作用
　有智出智，有力出力

7 挑选企业二把手——心灵重于能力 70
- 企业哲学，亦是培养分身的"教材"
- 放权不等于放任
- 挑选企业二把手——人格重于能力

8 空巴是改变人生的酒会 76
- 在京瓷，有专门用于聚会喝酒的日式房间
- 空巴有自己的"门规"

小专栏 2

盛和塾是学习哲学的人生修炼道场 80

第 3 章　打造高收益的经营体质

1 企业必须实现高收益的六大理由 82
- 要想经营稳定、企业成长，财务层面的"健康体质"不可或缺

2 没有 10% 的利润率，就没资格经营企业 86
- 10% 的利润率是企业经营的底线
- 企业经营的九成取决于经营者的意志

3 销售最大化，费用最小化 90
- 若要实现高收益，费用支出便不可水涨船高
- 以"夜市乌冬摊"为例，培养员工销售和费用的意识

Contents

4 **定价即经营，领导应对此负责** ················· 94

　　目标是"不能再高"的极限值

　　看准客户能接受的最高价格，并大量卖出去

5 **新业务应始于"特长的延伸"** ················· 98

　　盲目进军全然不同的业务，只会徒增经营风险

　　若要落子大跳成功，就需要付出不亚于任何人的努力

6 **企业发展的四大法则** ························· 102

　　立志成为"能为集体发展而努力的企业经营者"

> **小专栏 3**
>
> 摆脱"企业寿命 30 年"之魔咒的两大方法 ········· 106

第 4 章　不拘泥于常识的会计原则

1 **不懂会计，便称不上真正的企业经营者** ············· 108

　　通过数字把握企业现状

　　在日航，收支管理精确至每个航班

2 **基于"现金本位的经营原则"，把握钱的走向** ······· 112

　　理解会计七原则，即可掌握企业的实际情况

　　着眼钱的走向，做出经营判断

　　是否"账目漂亮却缺钱"？

5

3 贯彻一一对应的原则，杜绝舞弊现象 ················ 118
　■ 物品和现金流动时必须开票
　■ 现金的入账和出账必须通过票据来审核

4 贯彻筋肉坚实的经营原则，减少不必要的负担 ······ 122
　■ 杜绝"库存、人员、设备"方面的浪费
　■ 额头流汗赚来的钱才是真正的利润

5 贯彻完美主义的原则，取得 100% 的成果 ············ 126
　■ 哪怕仅仅 1% 的失误，也会导致全盘皆输
　■ 若不做到 100%，则毫无意义

6 贯彻双重确认的原则，杜绝错误 ·················· 130
　■ 通过多人检查来预防出错

7 贯彻提高核算效益的原则，提高附加价值 ············ 134
　■ 提高核算效益是企业的使命
　■ 各部门的核算考核基于单位时间

8 贯彻"玻璃般透明的经营原则"，彻底彰显
公平公正 ·· 138
　■ 会计结果须"准确公示"

小专栏 4

有这样的苦难，证明你还活着　　················ 142

第 5 章　通过阿米巴经营实现全员参与经营

1 **支撑高收益的经营手法——阿米巴经营** ………… 144
　　通过阿米巴经营，培养员工的经营者意识
　　阿米巴经营的三大目的

2 **"单位时间效益核算"——计算每小时所产出的附加价值** ……………………………………………… 150
　　即便无专业知识，亦能把握收支流向
　　通过对比目标和实绩，即刻判断经营状况
　　不可只追求自身所属部门的利益

3 **细分组织的三大条件** ……………………………… 154
　　组织并非"分得越细越好"
　　基于工序、品类、车间，细分生产制造部门

4 **积极起用年轻员工，培养其成为领导型人才** ……… 158
　　对于有前途的员工，即便经验不足，也要让其担任领导
　　领导必须做到言而有信

小专栏 5

十条企业生存的哲学理念，助力克服经济萧条 … 162

后记 ……………………………………………… 163

第 1 章
运用哲学,开展企业经营

1 若无"经营哲学",则企业发展无望

■ 重视"不可见资源"的企业方能成长

作为企业经营者,自然是在相信"企业会发展"的前提下开展业务的。但并非所有企业都能发展壮大,陷入停滞、衰退乃至销声匿迹的企业亦不在少数。

那么问题来了——发展和不发展的企业,区别在何处?

在稻盛看来,但凡能存活和持续繁荣的企业,皆把"不可见资源"视为原动力。

• **可见资源**:人才、商品(产品)、设备、资产(人、物、财)

• **不可见资源**:经营理念(经营目的)、经营哲学(做人和工作的判断基准)

换言之,稻盛着力强调——要想事业取得成功,"可见资源"不可或缺,但与之相比,"不可见资源"(经营理念

> **关键词:经营理念**
>
> 即明示企业发展的目的及意义的内容。其具体包括"企业的存在理由""员工的工作目的""企业的发展目标"等。例如京瓷的经营理念是"追求全体员工物质和精神两方面的幸福,为人类和社会进步发展做贡献"。

和经营哲学）更是企业竞争力的源泉。即便企业资金雄厚、人才济济，可倘若没有明确的经营理念和经营哲学，且员工也不能做到方向一致的话，组织力便无法发挥。

人生来就有自由意志，职场中的员工亦不例外——人们在工作时，往往会基于个体自身的自由想法而行动。但自由有时也会带来无序，若是纵容员工们"各自为政"的做法，企业管理便无从谈起。而假如其中有人朝着错误方向冒进，则企业好不容易积累的实力也会分散和衰减。

反之，如果全体员工能做到"方向一致"，则个体的力量就会凝聚为组织力。正如毛利元就的"三矢之训"（毛利元就是日本战国时代雄踞中州地区的大名，他担心死后自己的三个儿子不团结，就想出了用"三矢之训"来教育他们。所谓"三矢"，即"三支箭"之意，即一支箭容易折断，三支箭一起就难以折断的道理。——编者注）那样，唯有员工团结，企业才能做大做强。

■ 共同的价值观才能让员工方向一致

而要实现方向一致，关键要让全体员工拥有"共同的

> **关键词：经营哲学**
> 即基于经营理念和企业宗旨的思维方式。例如京瓷拥有以"作为人，何谓正确？"作为判断基准的经营哲学——"京瓷哲学"。该哲学可谓稻盛在自己的人生和事业历程中不断自问自答而得的"人生与事业的判断基准"。

价值观"。

"公司为何而存在?""为何开展该事业?"……当达成了这些关乎企业业务的目的和意义的共识时,便能构建起"既自由阔达,又整体和谐"的企业组织。对此,稻盛曾指出:"身为领导,首先要明确企业存在的意义,以及相应的思维方式。"

鉴于此,可以认为,企业经营者的首要任务是向员工明确提出光明正大的经营理念和经营哲学,并与员工达成相关共识。

尤其对中小企业而言,经营理念和经营哲学格外重要。与大企业相比,它们的"可见资源"明显处于劣势,因此更应着力打磨大企业往往难以彻底落实的"不可见资源"(经营理念和经营哲学)。

中小企业若是能成功打造基于经营理念或经营哲学的企业文化,便能获得不逊于大企业的竞争力。而唯有这种全体员工方向一致的企业,才能跨越时代、基业长青。

可见,领导应竭力明确企业的使命所在。并由此切实培养和打造企业文化,从而让全体员工做到思想一致、方向一致。

第 1 章 运用哲学，开展企业经营

2 追求全体员工物质和精神两方面的幸福

■ 递到稻盛和夫面前的"请愿书"

稻盛当年毕业于鹿儿岛大学工学系后，入职了京都的一家名为松风工业的绝缘子制造企业。其间，他负责研发当时被视为新领域的精制工业陶瓷部件产品，最终研发成功并量产，这让当时业绩低迷的松风工业恢复了一定的元气。然而由于与上司之间的意见对立，稻盛觉得继续待在那里无望实现自己作为技术研发者的梦想，于是他决定辞职。

之后，基于"让自己的技术问世"之目的，他创立了**京都陶瓷株式会社**（如今的京瓷）。

在公司成立的第三个年头，企业业务刚刚迈入正轨，却发生了一件令稻盛意想不到的事。当时公司里的 11 名年轻员工联名提出交涉，要求改善待遇。他们把请愿书直

关键词：京都陶瓷株式会社

1959 年 4 月，依靠熟人出资，京都陶瓷株式会社凭借 300 万日元资本金得以成立。在成立之初，员工共计 28 人。公司在京都市中京区借用了一处仓库，作为公司最初的厂房和办公地。而如今，京瓷已然成为拥有材料、半导体、电子部件、电子产品乃至专业软件系统等广泛产品线的国际化顶尖企业。

接递到稻盛面前,并逼稻盛"保证每年加薪和发奖金,否则大家都辞职"。当时的京瓷还只是一家小微企业,根本无法满足员工的这般要求。

于是稻盛拼命试图说服这些年轻员工,他苦口婆心,和他们谈了三天三夜。最后稻盛实在没办法,只得对他们发下毒誓:"你们要相信我、追随我。假如我欺骗了你们,你们大可捅死我。"并对他们说道:"身为领导,我也会拼命工作、努力奋斗。"

于是,这些年轻员工总算接受和作罢。可稻盛后来回忆起这段插曲时坦言"自己当时完全没有说服了员工的成就感",反而是一股烦恼涌上心头。

他当时之所以烦恼,是因为渐渐搞不懂"公司究竟为何存在"。

之前,稻盛把实现自身梦想(即让自己的技术问世)视为经营京瓷的目的所在。可当时的他惊觉——对员工而言,重要的不是经营者的梦想,而是"自己的生活保障"。

■ 与"经营者的梦想"相比,员工更重要

通过与年轻员工的上述交涉,稻盛明白了"企业更有大过经营者梦想的目标"。而这目标便是"守护员工及其家人的生活,并给他们带来幸福"。以此为契机,稻盛摒弃了当初"让自己的技术问世"的创业目的,将京瓷的经营理念定为"追求全体员工物质和精神两方面的幸福,为人类和社会进步发展做贡献"。那时的他,年仅29岁。

所谓"物质和精神两方面的幸福",是指在追求经济安定和富足的同时,努力通过职场来实现自我价值,从而获得诸如人生意义、工作意义、劳动意义的"心灵富足感"。

从更深层次来说,通过磨砺和提升自身业务和技术水平,将卓越优秀的产品推向市场,员工和企业便能"为科技进步、人类生活乃至社会发展做出贡献"。

于是,通过明确企业的存在意义,稻盛与员工之间的关系发生了改变。他们不再是单纯的"经营者和被雇佣者"的关系,而是"为了共同目标不惜努力"的同伴关系,这使得全体员工做到了方向一致。

第1章 运用哲学，开展企业经营

经营理念为了"全体员工"而存在

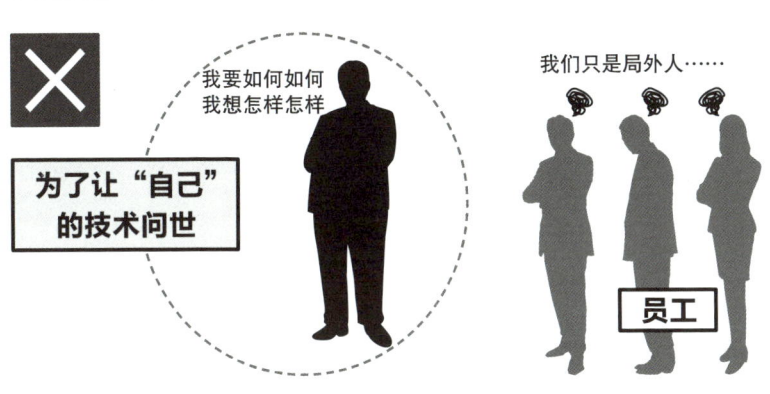

3 企业要走向世界，需要高层次的"哲学"

■ 经营哲学是企业的根本性指导原理

企业要繁荣，就必须让全体员工朝着同一方向奋斗。而这方向，便是被称为"经营理念"或"企业宗旨"（京瓷的企业宗旨是"敬天爱人"）的规范。且经营理念和企业宗旨还包括了作为企业之根本的"思维方式"（即"哲学"）。

稻盛当年在创业后不久，便将作为企业、作为经营者乃至作为人的"正确的思维方式"予以体系化，于是形成了"京瓷哲学"。该哲学是京瓷开展业务的基本原则和理念。

【京瓷哲学】

①作为企业规范的章程条款、判断基准、规则纪律以

关键词：敬天爱人

这是京瓷的企业宗旨。所谓企业宗旨，即企业在开展经营活动时的根本理念。"敬天爱人"意为"时刻光明正大，常怀谦虚之心，尊敬上天，关爱他人，热爱工作、社会和国家"。"敬天爱人"出自日本鹿儿岛的历史伟人西乡隆盛之口。西乡的为人、活法和思维方式，在很大程度上影响了稻盛。

及约定事项。

②为了达成企业的目标和蓝图（即"希望打造怎样的企业"），相应所需的思维方式。

③赋予企业卓越品格的源泉（所谓企业的卓越品格，即能感染员工正直做人并行正确之事的企业文化）。

稻盛曾把经营理念比作"山"。山既有平坦低缓的，也有像珠穆朗玛那样陡峭高耸的世界第一峰。换言之，山各式各样，其海拔和险峻程度也各不相同。

如果只是想去海拔低的山徒步，则不太需要什么专业装备。而若是励志登顶珠峰，那可没这么轻松，周密计划、提前训练、登山技术、同行山友、专业装备……这些缺一不可。

同理，在稻盛看来，要想成为世界首屈一指的企业，就需要"与高目标相符的高层次企业哲学"。

如果说京瓷的"经营理念"就是目标中的山峦顶峰，那么这登山的思想准备和理论装备（判断基准和行动指针）便是"京瓷哲学"。

稻盛曾说，京瓷哲学是他"在对事业和人生的自问自答中所悟到的经营哲学"。该哲学在 KDDI 和日本航空乃至盛和塾塾生的企业中皆获得了传承。

■ 通过《京瓷哲学手册》，学习"活法"

京瓷当年能创立，靠的是稻盛所研发的技术。可随着企业的体量变大，他的时间越来越多地用在了经营方面，从而渐渐远离了研发第一线。

即便如此，京瓷依然不断创造出划时代的技术成果。其之所以能从初创企业成长为大企业，进而发展为业绩优秀且实力雄厚的著名日企，缘于其对"京瓷哲学"的实践，以及真挚的努力态度和对创意的不懈追求。

而京瓷哲学的本质和精华，便写在《京瓷哲学手册》中。该手册囊括了人生活法和工作方式等内容，共计78项条目。其内容简单易懂，且基于经验和实践，可谓实用性的行为准则。如今该手册追加了一些精选的重要项目，升级为《京瓷哲学手册Ⅱ》。

关键词：盛和塾

以稻盛为核心的经营学私塾（人才培养团体）。其源于当年京都的一些年轻企业家为了向稻盛请教"人生哲学"和"经营哲学"而设立的自主学习会。之后，稻盛觉得"有良心的企业家，方为日本明日之栋梁"。基于该想法，作为志愿者活动的一部分，他成立了盛和塾（详见本书第80页）。

第 1 章 运用哲学，开展企业经营

"京瓷哲学"是企业经营之基干

4 经营企业,以心为本

■ 人心最为可靠

京瓷当年刚起步时,没资金、没信用、没设备、没技术、没业绩,只是一家城区小作坊。其当时拥有的,唯有28名可以信赖的伙伴。

正因如此,稻盛一直重视"伙伴关系"和"心与心的纽带"。

创业之初的他,还不像如今这般识人心、懂人心。为了团结员工,他操劳不断、烦恼不已。

"何为企业经营的支柱?"

"经营企业,应该依靠什么?"

他一度搞不懂这些问题,可在持续冥思苦想后,他得出了下面的结论。

"要开展经营,最重要的是人心。"

常言道,人心最善变。可人心一旦相知相通,就会无比坚固。因此稻盛为实现"以心为本"的经营而绞尽脑汁。

那么怎样才能团结人心呢？为此，企业经营者首先自己要磨砺心性。换言之，要想构建以心为本的牢固人际关系，经营者自身必须心地纯洁而高尚。

倘若自己心术不正，那自然无法团结周围人。就像前面提到的京瓷成立第三个年头的小插曲那样，之所以会有年轻员工向稻盛递交请愿书，是因为他当时把京瓷的存在意义视为"让自己的技术问世的舞台"。这是一种以自我为中心的想法，即仅仅旨在满足自身物质和精神两方面欲望的利己思想。

而若想让员工人心所向，打造"由彼此信赖的伙伴所组成的集体"，经营者便不可溺于私利私欲，必须约束自我、摒弃私心，拥有"为集体拼命奉献"的利他觉悟。

经营者还要先信任员工，然后才能被员工所信任。为此，经营者必须拥有卓越杰出的人格，从而赢得员工的尊敬和信任，让员工打心底愿意追随。

■ 京瓷的原点是"人与人之间的坚强纽带"

稻盛曾说，"公平无私"最为打动人。所谓"无私"，

关键词："以心为本"的经营

稻盛认为"伙伴彼此信任，工作时便能克服万难"，因此他一直重视"以心为本"的经营。后来在负责重建日本航空时，他一开始也先给员工讲"应该如何做人"的人生哲学。

即"没有贪图自身利益的念头",或者说"不按照自身喜好和私情判断事物及是非"。这种拥有无私之心的经营者,员工必会追随。反之,经营者倘若自私自利、充满私欲,则终究会孤立无援。

近年来,国际化规模的企业并购案例屡见不鲜。的确,只要收购了足够多的股份,就连大企业亦可收入囊中;只要有资金,改变企业路线亦非难事。但有一样,是无论多少钱都操控不了的。

那就是人心。

正如孔子所云"只靠金钱和权力,无法得到人心",若不能以心为本,做到经营者和员工"志同道合",企业则发展无望。京瓷之所以能成长为强大的企业,靠的是企业内人与人之间坚强的"心灵纽带",此外无他。

摒弃私欲，人心凝聚

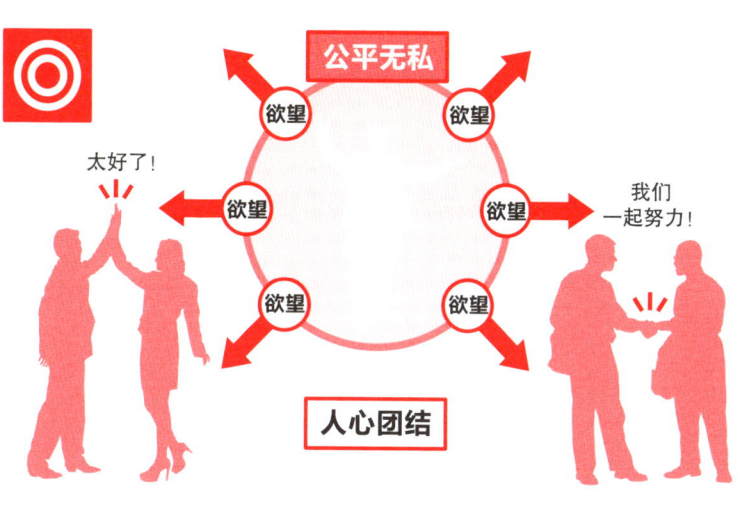

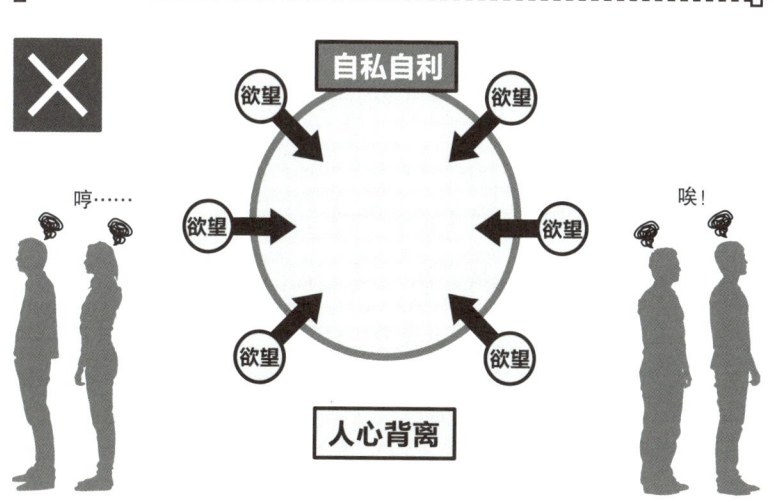

5 企业经营者，要按"原理原则"做出决断

■ 作为人，此为善举？抑或恶行？

企业经营者（社长），是企业的最终决策人。担当该角色的人，无法让别人代为决断，必须自主判断，从而做出决断。

即便缺乏经营企业的知识和经验，一旦坐上经营者之位，就不得不对企业每日的各种事务和决策做出判断并拍板。

鉴于此，经营者便需要明确的"判断坐标"。而稻盛的相关坐标是"作为人，此为善举？抑或恶行？"。

他曾坦言道："当年面对企业经营和人生路线，我挫折碰壁，苦苦思索，最终回归到'作为人，何谓正确？'的原点。之后，我一直以此来思考问题，并以此为原则行事。"

换言之，他回归至人类社会的伦理和道德（即"做人的原理原则"），将其作为自己判断事物的基准，并决心"切实贯彻履行作为人的正确之事"。

【做人的原理原则】

即人类普遍性的伦理观,其包括公平、公正、诚实、诚意、正义、博爱、正直、坦诚等。

若能遵循这样的伦理观(原理原则),即便经营者经营企业的知识和经验较为匮乏,也不会犯下大错。这种原理原则,本质其实非常通俗易懂,它就是父母教给子女、老师教给学生的"基本做人道理",比如"不要贪心""不要骗人""不要说谎""要正直诚实"等。

在判断事物和做出决断时,切不可违背伦理观和道德。换言之,不要以自我为中心,而要着眼于"正确做人、正确行事"的普遍性道理,以此为坐标。

身为经营者,必须坚持"天道"

前面提到,自创业之初,稻盛便把"原理原则"作为一切的判断基准。因为他坚信,若是做出有悖于伦理观或道德的决断,企业便无法发展。不少企业经营者放弃独立思考和原理原则,以"周围人都这么做""很多企业都这

小知识

稻盛在少年时代曾患上肺结核,当时他的邻居推荐他读一读《生命的实相》,结果该书影响了他的一生。尤其是书中的一句话——"人之所以得病,是由于怯弱害怕之心招来了病魔",这令他大受触动。自那以后,他开始重视"人心之力"和"心态"。

么干"为借口,盲目从众,其结果自然是判断失误。

可见,在组织、财务及利益分配方面,都要彻底遵循"原理原则"。唯有如此,企业经营才能有理有道。

对此,稻盛曾阐述如下:

"哪怕在现代,只要不违天道,企业经营就不会出大错。不仅如此,还能换来美好结果。"

所谓天道,即自然之理。作为企业经营者,必须无愧于天,在正道上持续前行。

第1章 运用哲学，开展企业经营

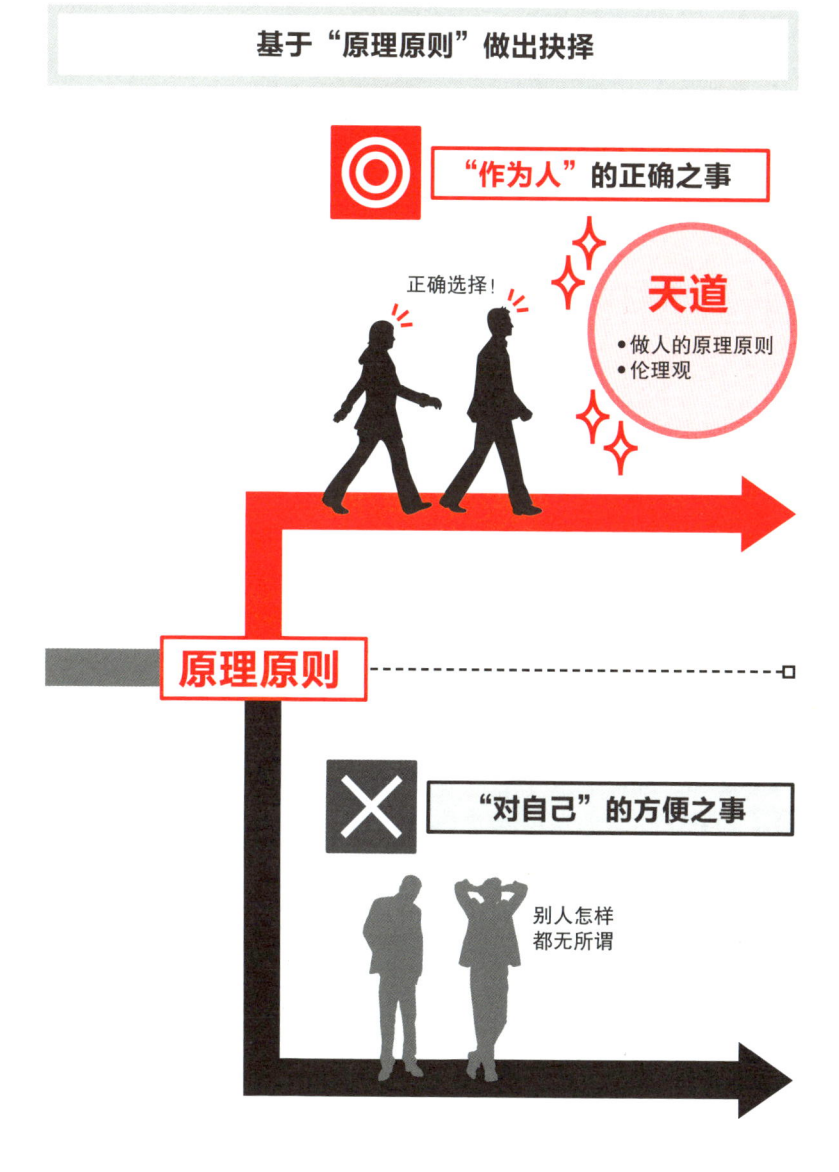

基于"原理原则"做出抉择

◎ "作为人"的正确之事

正确选择！

天道
- 做人的原理原则
- 伦理观

原理原则

✕ "对自己"的方便之事

别人怎样都无所谓

6 利他终会利己

■ 身为领导,必须"为他人尽力"

"不可误认为自己的才能是自身私有物。应谦虚不骄,要志在为社会及世人做贡献,从而更加持续努力。"

上述箴言出自稻盛,其主旨是"一个人的才能应服务于社会及世人,切不可视其为私有物"。

即三省吾身,摒弃私欲,为贡献社会而活。这种为他人奉献的品格,可谓当领导的必要条件之一。

鉴于此,若领导殚精竭虑、拼命努力,却迟迟不能收获成果,其症结便在于"只考虑自己"。

企业的规模不可能大过领导自身的格局。如果领导被"想发财""想风光""想出名"之类的执念和欲望所束缚,那么其自身格局会变得狭隘,企业也难以做大做强。唯有摒弃这样的执念和欲望,以"贡献和造福众人"作为经营理念,领导的格局才能打开,企业才会成长。

京瓷也好，KDDI乃至JAL也罢，它们的企业理念皆是"追求全体员工物质和精神两方面的幸福"。且这样的理念被明文规定下来，因此可谓是企业领导"抛弃我执"的体现。

■ "好心有好报"是企业经营的本质

佛教有"自利利他"的说法。其意为"若体谅他人、利于他人，则最终会利于自身"。

换言之，如果想让自己真正得利获利，就不应只顾追求自身利益，而要考虑他人利益，进而寻求共赢共荣的途径。

如此一来，即便在短期看似吃了亏，从长远来看，则是有利于自己之举。

可见，关键要抑制"利己之念"，从而增长"利他之心"。

话虽如此，人天生具有不少本能欲求，要完全清零本能着实困难。鉴于此，作为起步和入门，我们应逐渐减少利己在心中所占的比重，假设利己和利他在心中的量合计为100，则我们要先至少努力自律，让利己的比重少于一半（减至50以下）。

关键词：自利利他

最澄大师作为比睿山寺的开山祖师，留下了这"欲自利，须利他"的名言。所谓"自利"，即自己的利益和好处；而所谓"利他"，即努力让他人受益的心念和举动。

换言之，完全放下执念和欲望或许不可能，但若能持续心怀"造福他人"的念想，人的自私利己部分便会相应受到抑制。

总之，"好心有好报"（同情关爱别人，别人也会同样对你）——即便在营商活动中，这也是必须铭记的道理。

第 1 章 运用哲学，开展企业经营

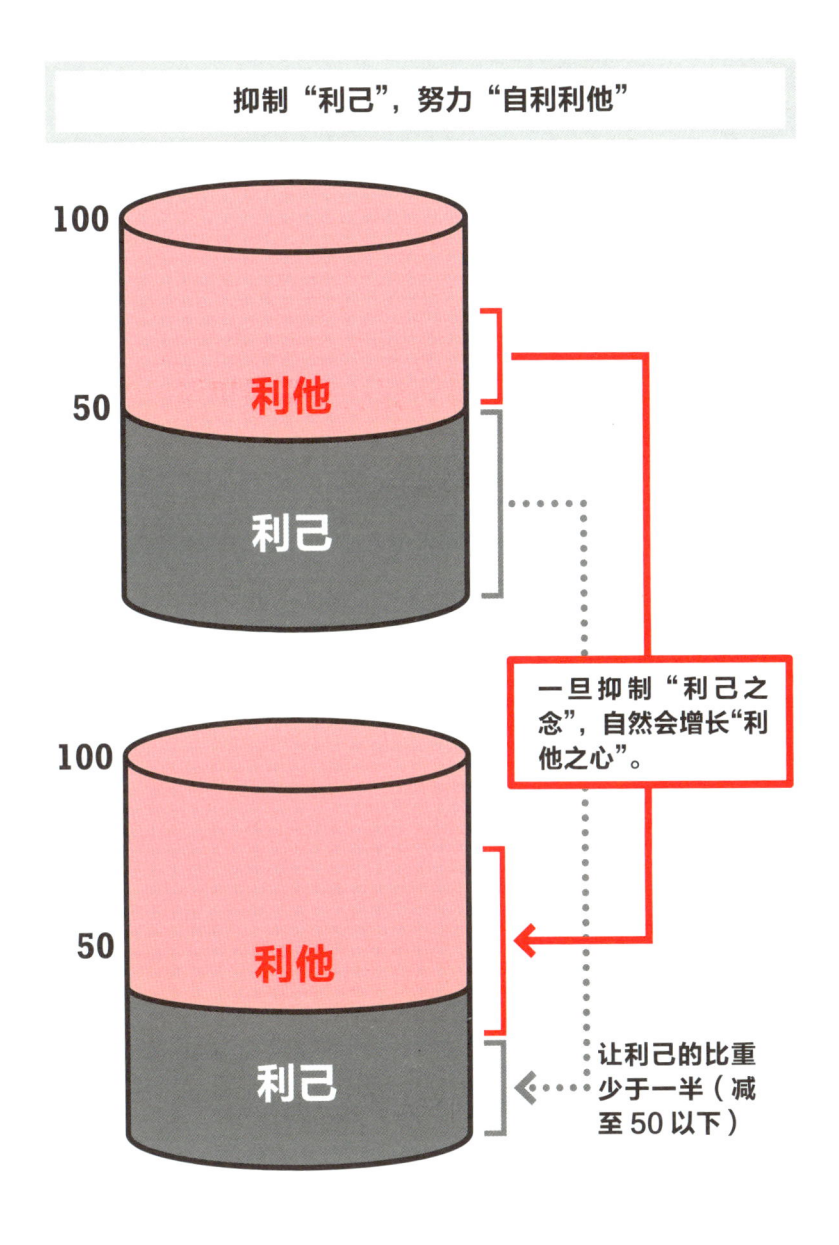

抑制"利己"，努力"自利利他"

```
100 ┌─────┐
    │ 利他 │
 50 ├─────┤
    │ 利己 │
    └─────┘
```

一旦抑制"利己之念"，自然会增长"利他之心"。

```
100 ┌─────┐
    │     │
    │ 利他 │
 50 ├─────┤
    │ 利己 │
    └─────┘
```

让利己的比重少于一半（减至 50 以下）

25

7
动机至善，私心了无

■ 电信业的门外汉，为何创立"第二电电"？

1984年，稻盛成立了"第二电电"（如今的KDDI）公司。

很早之前，他就对日本的电话资费十分关注，他认为"与欧美相比，日本的长途话费要高得多，这给日本国民造成了经济负担"。于是乎，后来当日本政府对民企开放电信业进场牌照时，他满心期待道："在该契机下，希望有企业自告奋勇、参与竞争，从而拉低日本的电话资费。"

可结果呢？只有一众观望，迟迟没有一家民企出手。

满怀创业激情的稻盛见状，逐渐感到焦躁，最终宣布自己进军电信业。

虽然他向日本政府提交了相关申请，但当时心中毕竟还有些没底，于是他一直如下自问自答。

> **关键词：第二电电**
>
> KDDI公司的前身。其全称为"第二电电株式会社"，略称为DDI。随着日本政府的"电信业自由化政策"的出台，为了与民营化之前的国企"电电公社"（如今的NTT）展开竞争，稻盛创立了这家电信公司，其母公司是京瓷。之后亦有数家民营企业进场，它们当时被统称为"新电电势力"。

"我进入电信业的动机,是否基于'为社会和世人做贡献'的纯粹之心?"

"我有否在考虑私利?有否在投机?有否在求名?"

"我是否真心想行善举?"

"我是否抱有'想扬名于世'之类的私心?"

……

在长达半年的时间里,稻盛每晚睡前都会这般自问自省,灵魂拷问自己是否"动机至善,私心了无",最终明确了下述答案:

"我进军电信业,不仅仅是为了京瓷的发展,而是为了帮国民大众降低话费。"

可见,毫无电信业经验的稻盛之所以能创立"第二电电",并让其业务迈入正轨,缘于其"真诚而纯粹的创业和营商动机"。

一边自省,一边坚持"行普遍之善"

不管做什么事,不管开展什么业务,首先都要不断自问自答"自己的动机究竟是善还是恶"。

所谓"善",即人人认同的"普遍之善举"。换言之,唯有找到"自己和他人皆赞同的普适动机",才能行动。

反之，若为了出结果而不惜采取舞弊等错误手段，则等于在违背天道。

此外，在朝着目标而努力时，还需要自问自戒"其过程是否至善"。假如在推进工作和业务时以自我为中心，基于自身想法、利己主义或好恶判断，就会失去人心。

意外的是，说起稻盛这句"动机至善，私心了无"的名言之由来，他曾坦言，这并非"逻辑思考的产物"，而是心灵深处的"真我"的灵光闪现而得。

"真我"一词源自**中村天风**所著《研心抄》一书。所谓"真我"，也即"良心"或"利他心"。据说稻盛当年有缘读到该书时，其内容令他颇为感铭。自那以后，他一直把该书置于近旁，有空便翻阅一番，旨在探究个中真理。

关键词：中村天风

日本的思想家和实业家，也是日本第一位瑜伽行者。他当年曾担任东京实业贮藏银行的行长，且是日本实业界的活跃人物。可有一天，他突然停止了相关活动，转而传道弘法。其后创立了"财团法人天风会"。稻盛把他敬为导师，因此其经营哲学和人生哲学在很大程度上受到了中村天风的影响。

第1章 运用哲学，开展企业经营

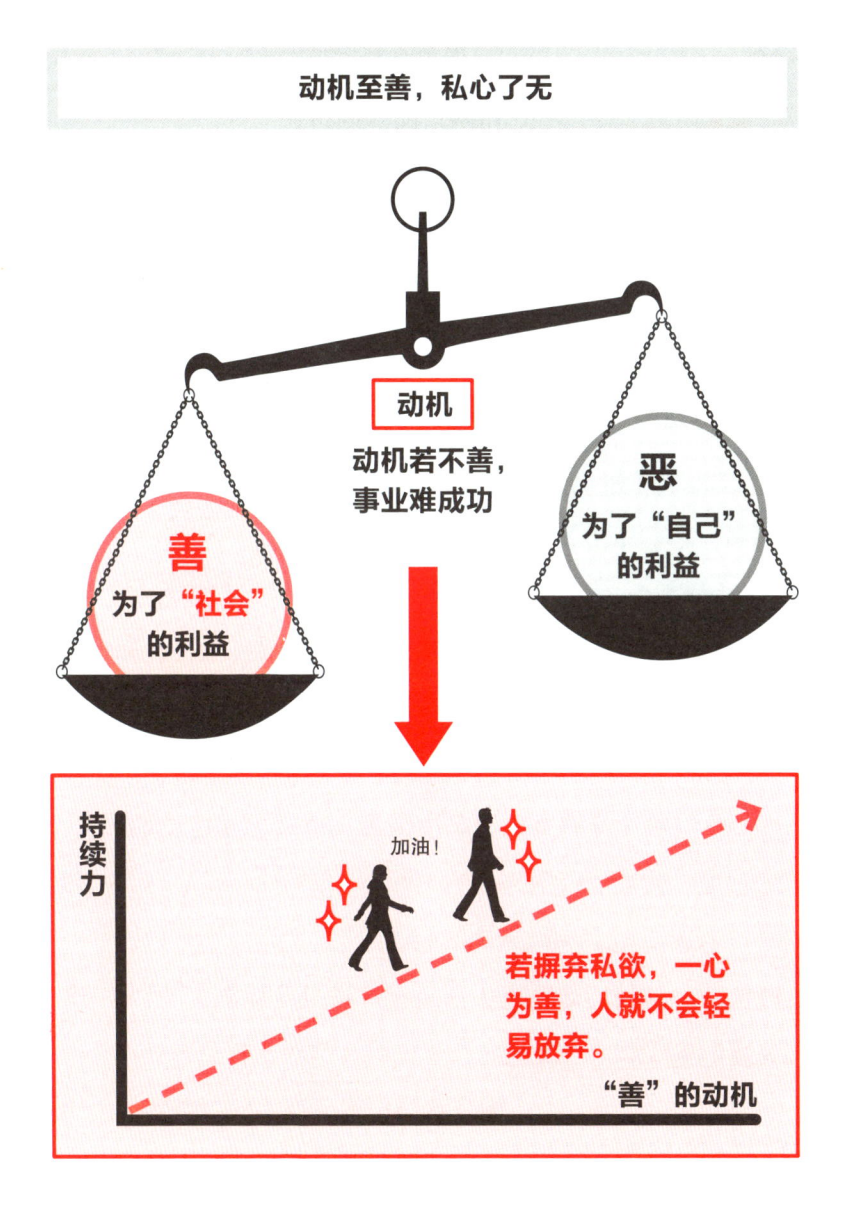

动机至善，私心了无

动机
动机若不善，事业难成功

善 为了"社会"的利益

恶 为了"自己"的利益

持续力

加油！

若摒弃私欲，一心为善，人就不会轻易放弃。

"善"的动机

8 人生・工作结果＝思维方式 × 热情 × 能力

■ 人生和工作的结果是三大要素的乘积

【人生・工作结果＝思维方式 × 热情 × 能力】

"能力平平之人,是否有办法成就伟业?"——针对该问题,稻盛导出了上述方程式。

【能力】

• 包括头脑、才能、学力、智力、健康、运动神经等等。其数值范围是 0 到 100。

【热情】

• 包括自身的意志力和决断力,以及主观能动性和努力程度。其数值范围是 0 到 100。

上述"能力"和"热情"是乘积运算关系。鉴于此,"才能欠缺但热情超常"之人所创造的成果可能会大于"天赋异禀但懈于努力"之人。

> **小知识**
>
> 上述成功方程式是乘法运算而非加法运算。假如是加法运算,则能力平平者便无法超越天赋异禀者。但既然是乘法运算,便能实现对"能力高于自己的人"的逆袭。

打个比方。假设一个叫"A"的人天生有才，其能力值高达90，但其恃才傲物却不愿努力，热情值只有区区30。于是二者乘积为90×30＝2700。

再假设一个叫"B"的人能力劣于A，其能力值仅有60，但其态度认真、努力工作，热情值为90。于是二者乘积为60×90＝5400。可见，能力较弱的B，最终取得的成就是A的两倍。

【思维方式】

• 包括人生哲学和处世态度，以及生活和工作的心态。其数值范围较大，从–100到100。其中，诸如嫉妒、怨恨、憎恶等负面情感为负值，而积极向上或真诚朴实的情感则为正值。

由此可见，"思维方式"能够180度地大幅改变人生和工作的结果（参照33页图解）。

所以说，在拥有"能力"和"热情"的同时，更重要的是具备"作为人的正确思维方式"。也正因如此，上述方程式的首项是"思维方式"。

■ 高层次的热情和思维方式能够弥补能力的不足

稻盛为何导出了上述方程式呢？

由京瓷的沿革可知，当年创业之初，稻盛也好，其员工也罢，在"能力"方面都谈不上卓越，只处于平均水平。换言之，若论能力，京瓷显然无法与当时的日立和东芝等大企业相抗衡，因此稻盛着眼于"思维方式"和"热情"。

这二者都属于主观因素，只要本人有意，便能提高。

总之，只要基于正确的哲学思想并全力以赴，便能突破能力瓶颈，收获巨大成果。

第 1 章 运用哲学，开展企业经营

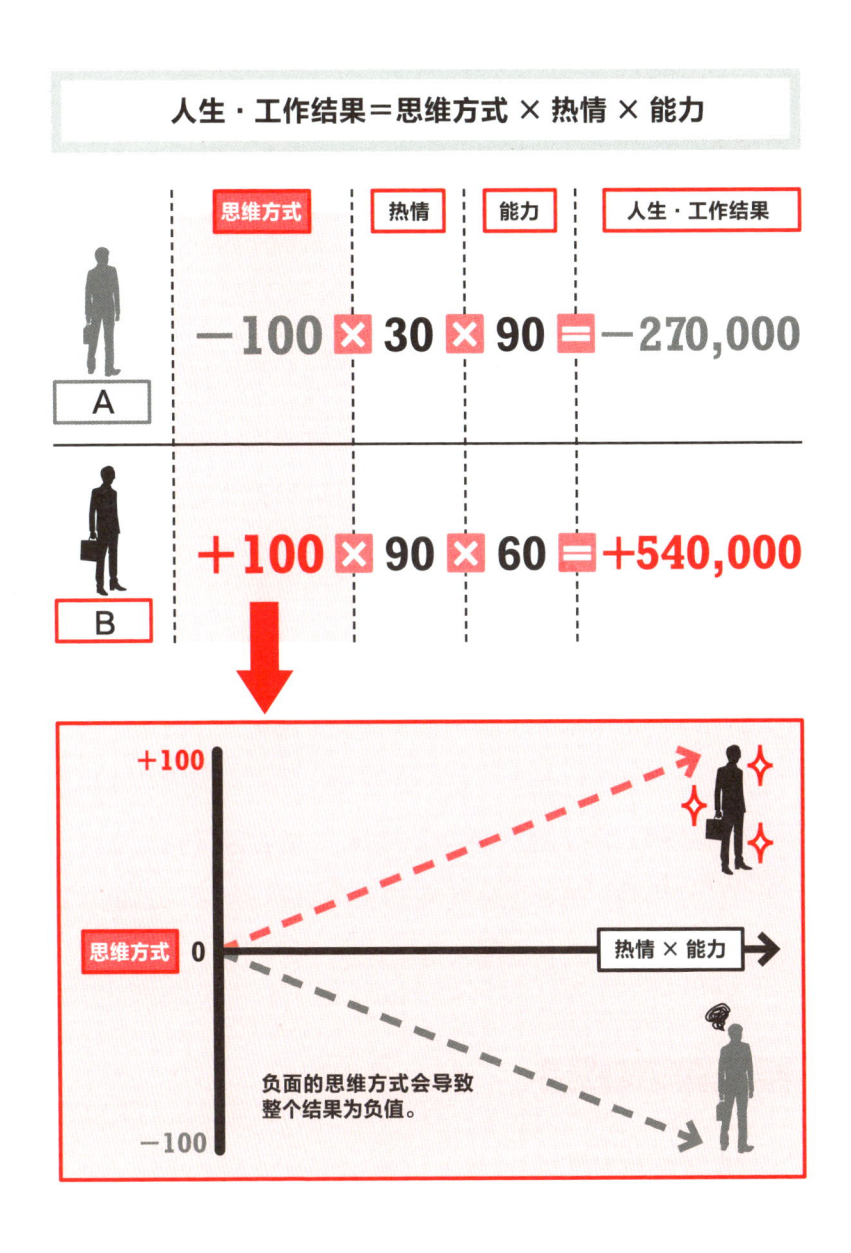

人生·工作结果＝思维方式 × 热情 × 能力

	思维方式	热情	能力	人生·工作结果
A	－100 ×	30 ×	90 ＝	－270,000
B	＋100 ×	90 ×	60 ＝	＋540,000

思维方式 +100 / 0 / −100

热情 × 能力

负面的思维方式会导致整个结果为负值。

9 助力实现成功的"经营十二条"

■ 人人可用的经营要诀

稻盛曾说:"无论时代或环境如何变化,成就事业所需的几个条件不会变。"为此,他列出了相关条目,并强调道:"若能悉数实行(它们),则人人都能复制京瓷的成功。"

而这些项目被归纳为"经营十二条"。它既可被视为京瓷哲学的精华部分,也可被看作"人生·工作结果=思维方式×热情×能力"这一方程式在经营层面成功要诀的具体阐释。关于这"经营十二条",笔者曾得到稻盛的亲自传授赐教,笔者也将其牢记于心并付诸实践。且越是实践,就越感受到它的博大精深。

> **关键词:经营十二条**
>
> 经营十二条(也被称为"经营原点十二条"),其雏形是稻盛当年提出的"稻盛经营的七条教义",其后来逐渐发展丰富,先是增加为十一条,后来经过一些条目的顺序调整,最终进化为这"经营十二条"。为此,不同时期和版本的内容可能在措辞方面存在微妙差异,但它们皆可被视为"人生·工作结果=思维方式×热情×能力"这一成功方程式在经营层面的具体阐释。

【经营十二条】

①明确事业的目的与意义

但凡企业经营者,在制订目标时,皆须拥有光明正大的大义名分。简单的目标会让人满足现状,因此必须树立能促使人成长进步的"崇高目标"。这相当于前述的方程式中的"思维方式"。

②设定具体目标

制订的目标须与员工共有。就拿销售额来说,需要以具体且明了的形式向全体员工公示。比如"本财报期计划达成多少多少,下个财报期计划完成多少多少"等,数字要明确。

③胸中怀有强烈愿望

但凡营商者,皆应怀有"能够渗透到潜意识之中的强烈而持久的愿望"。对于制订的目标,要以"无论如何都要实现"的念想和意志,将其升华为强烈愿望。这相当于前述的方程式中的"热情"。

④付出不亚于任何人的努力

要想出成果,就唯有努力。不管多大的伟业,皆始于脚踏实地的一步步积累。至于何种程度才算"不亚于任何人的努力",稻盛给出的参照标准是"1年内有5000小时在全心全灵地认真工作"。这也相当于前述的方程式中的"热情"。

⑤追求销售最大化和费用最小化

"像挤尽海绵水分那样去除浪费"可谓创造收益之基本。为此,要翔实且及时地把握企业的费用支出明细,相应的系统和机制要具体到每个产品部门以及事业部门,且频率至少要高至月度。不少中小企业陷入发展瓶颈,正是由于管理会计机制的不健全。

⑥定价即经营

定价是领导的职责。要设定"顾客乐意,同时企业赢利"的极限值。无论营商或市场环境多么严酷,企业都必须求生存。为此,定价是关键。换言之,定价即经营本身。

⑦经营取决于坚强的意志

意志薄弱的人难以经营企业。因为身为经营者,必须拥有"心想必成"的强烈意志。换言之,企业一旦发表了业绩的目标,无论经济是否景气,经营者都必须将其实现。

⑧燃烧的斗魂

不敢斗争吵架的"好好先生"不适合经营企业。因为企业经营类似"格斗竞技",要想在弱肉强食的世界取胜,斗志和斗魂不可或缺。如果一个经营者被周围人评价为

"魔鬼",则其可谓独当一面了。

⑨**临事有勇**

在推进事业时,身为领导或上司,切不可做出卑怯可耻的举动。若行为卑怯,则组织会陷入混乱。哪怕面对逆境,领导或上司唯有拿出"不逃避、不退缩"的勇气,才能做出正确判断。

⑩**不断从事创造性的工作**

明天胜过今天,后天胜过明天——必须这般刻苦钻研,不断改进,精益求精。唯有这种脚踏实地、努力积累的务实态度,才能实现企业的成长发展。

⑪ **以关怀坦诚之心待人**

买卖是相互的。生意双方都得利,才是皆大欢喜。进一步来说,必须让客户、企业员工、企业所在地区、企业所在社会乃至用户都开心满意。这相当于前述的方程式中的"思维方式"。

⑫ **始终保持乐观向上的心态,抱着梦想和希望**

以坦诚之心处世。身为企业经营者,无论处境如何,都必须保持乐观向上的心态。在具备"强烈燃烧的斗魂"的同时,切不可显出悲壮感。而要积极地坚信"我能!",这一点至关重要。

越实践越感其博大精深的"经营十二条"

1	**明确事业的目的与意义**
2	**设定具体目标**
3	**胸中怀有强烈愿望** 要怀有能够渗透到潜意识之中的强烈而持久的愿望。
4	**付出不亚于任何人的努力** 一步一步、扎扎实实、坚持不懈地做好具体的工作。
5	**追求销售最大化和费用最小化** 量入为出。
6	**定价即经营**
7	**经营取决于坚强的意志** 经营需要洞穿岩石般的坚强意志。
8	**燃烧的斗魂** 经营需要强烈的斗志,其程度不亚于任何格斗竞技。
9	**临事有勇** 不能有卑怯的举止。
10	**不断从事创造性的工作** 明天胜过今天,后天胜过明天,刻苦钻研,不断改进,精益求精。
11	**以关怀坦诚之心待人**
12	**始终保持乐观向上的心态,抱着梦想和希望,以坦诚之心处世**

(笔者当年直接从稻盛先生那里受教的"经营十二条")

10 以纯粹之心持续精进，经营势必顺风顺水

■ 实现美好人生的六大实践项目

1997年，稻盛查出胃癌，做了手术。在大病初愈的同年9月，他便在临济宗圆福寺西片大师（已故）门下皈依佛门。心怀信仰的稻盛当时感言道："若能以纯粹之心埋头努力，则释尊必会出手搭救。只要平日保持精进并常怀觉悟，则任何灾难降临都无须担心。"

而作为实现这"持续精进"的必要条件，稻盛引用并引申了佛教教义中的"六项精进"。

①**付出不亚于任何人的努力**

在重视全体员工和现场的同时，时刻关注数字，认真付出不亚于任何人的努力。为此，必须爱上自己的工作。唯有真心热爱，才能埋头专注。还要时刻确认自己是否有

> **关键词：六项精进**
>
> 　　六项精进可谓人生和事业层面的重要"实践项目"的归纳总结。若能坚持每日实践这六项，则人生终将精彩而美好。它与"经营十二条"和"会计七原则"一起，可谓培养领导的精华教义。稻盛对六项精进的理解阐释也经过了一个逐步进化的过程。顺便提下，笔者每天喝茶用的茶杯上就印有"六项精进"，以便于每日自觉自省。

保持"极度认真"的态度。

②谦虚戒骄

中国古书《书经》有云"谦受益"(意思是"只有谦虚才能获利得福")。可见，唯有谦虚的态度，才能带来明日的成功。纵观成大事者，可以发现，他们在心怀"燃烧的斗魂和满腔热情"的同时，还懂得谦虚和节制。

③天天反省

要时常自问自答，反省自己是否自私利己？是否恣意妄为？是否公私混同？是否行为卑怯？是否在为社会和世人造福？是否在偏爱同族？是否在搞裙带关系？……若存在问题，则应立即改正。

④活着就要感谢

每个个体的存在，都承蒙诸多因素和缘起的恩惠。相应地，每个人活在这世上，皆有自己的使命和天命。正因如此，我们必须活在当下、珍惜当下。轻视虚度今日之人，也就失去了过去和未来。鉴于此，人生在世，莫要抱怨和不满，而要真心对此刻被赋予的生命心存谢意。

⑤积善行、思利他

世间存在因果报应的法则。人若是思善行善，其命运

> **小知识**
>
> 1997年9月7日，稻盛在京都八幡的圆福寺得度，从此皈依佛门，得法名"大和"。他的皈依师父是临济宗妙心寺派的圆福寺西片担雪大师。

就会朝着好的方向转变。所以我们要心怀善念，行人应行的正确之事；秉着利他之心，对他人、客户乃至社会予以充满关怀的言行。

⑥不要有感性的烦恼

每个人都会失败和犯错。而人就是在不断失败的过程中成长起来的，因此即便失败，也没必要一味沉浸于悔恨之中。当然，找出"自己错在哪里"的反省过程不可或缺，可一旦充分反省完毕，就不要再纠结和烦恼，而应全力向前看和向前进。

实现美好人生的六项精进

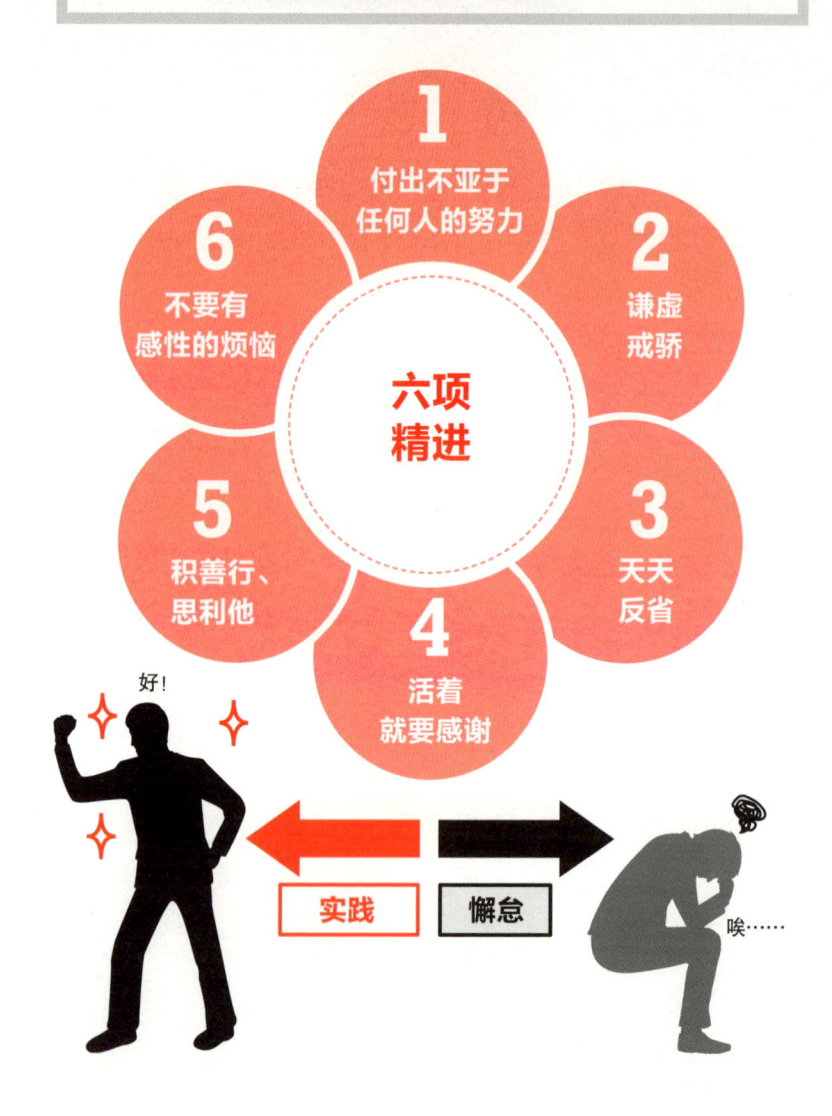

1. 付出不亚于任何人的努力
2. 谦虚戒骄
3. 天天反省
4. 活着就要感谢
5. 积善行、思利他
6. 不要有感性的烦恼

六项精进

好！

唉……

实践 ← → 懈怠

小专栏 1
从松下幸之助身上悟到了"念想"的重要性

有人称稻盛是"日本平成年代的松下幸之助"。稻盛年轻时曾去听过松下本人的演讲。据稻盛回忆,当时松下讲的是"水库式经营",其内容令他醍醐灌顶。

松下当时对台下听众讲道:"把水库建于江河,为的是蓄水,因此水库会长期保持一定的水量。我们在经营企业时,也要这般未雨绸缪,必须时刻注意保有余量,以备不时之需。"

台下有听众对此提问道:"我们就因为紧巴巴没有余量才苦恼的,请告诉我们如何才能有余量。"对此,松下答道:"至于具体的办法,我也不清楚,总之必须具备'得有余量'的意识。"

演讲会场中有人不禁发笑,有人失望叹息,但稻盛则不同。松下的话令他大为触动。他由此悟到了"念想和信念重于一切!"。

稻盛后来还感言道:"在我看来,松下先生是理论和实践兼备的企业经营泰斗。他所展现的企业家品格和精神,是大家的榜样。"

而稻盛的《京瓷哲学》中亦折射了松下幸之助的"七大精神"(产业报国、光明正大、团结一致、奋发向上、礼貌谦让、改革发展、服务奉献)。

第 2 章
超越雇佣关系

1 领导带好队伍所需的"十大职责"

■ "会用人者"＝"受人尊敬者"

领导即"用人者"。要让组织发展为优秀出色的集体，领导就必须能聚人心、带好队伍，让大家朝着同一目标迈进。

而要想用好人，就要赢得周围人的尊敬。领导若能让下属打心底尊敬，则下属（员工）就会百分百信服，从而乐意追随领导。

对于"如何才能赢得尊敬"的问题，稻盛将相关要诀归纳整理为"领导的十大职责"，其内容如下：

①明确事业的目的与意义，并向下属明示

领导作为集体（组织）的领头羊，需要明确事业的目的与意义，即弄清"为何要从事这项事业"。进而还必须向下属明示该目的与意义，并努力赢得他们的由衷赞同。

此外，事业的目的与意义还应与更高层次的大义名分相联系。若目的肤浅，只是"为了让公司赚钱"之类，则很难激活下属的主观能动性。

② **设定具体目标，一边制订计划，一边让下属参与其中**

在与下属形成事业目的与意义的共识后，接下来就要制订具体的目标和计划。在此过程中，领导需要广泛听取和采纳下属的意见。通过这种方式，可以让下属感受到"自己也在参与经营"。

换言之，领导由上而下制订目标时，必须向下属明示"为何制订""如何达成"等关键细节，从而让他们真心理解和接受。

③ **胸中怀有强烈愿望**

领导必须持续胸怀强烈愿望，要抱着"心想必能事成"的信念，从早到晚，夜以继日，24小时认真对待目标、思考目标。

总之，一切源于"强烈的心念"。

④ **付出不亚于任何人的努力**

领导应该一边以身作则，发挥自己"拼命努力工作"的榜样作用，一边引导和激励下属。领导若能达到"无人能及"的努力程度，则下属终会忠心服从。

英国哲学家詹姆斯·艾伦有如下名言：

"人要想获得成功，就必须付出相应的自我牺牲。若是希求较大成功，就必须付出较大的牺牲；若是希求无比大的成功，就必须付出无比大的牺牲。"

换言之，要想收获真正的成功，就要牺牲自己的私欲，为集体鞠躬尽瘁，即实践"舍己利他"。如果领导能做到这一点，则下属必然追随。

⑤拥有坚强的意志

领导若意志不强，则乃组织之不幸。领导如果想赢得下属的尊敬，对于既定的目标或月度预计业绩，切不可再撤回。此时需要的是"无论如何都要达成"的坚强意志。

⑥具备卓越人格

领导必须是"已具备卓越人格者"或"在不断努力塑造卓越人格者"，二者必居其一。

所谓卓越人格就是，遵循"不骗人""不妄语""为人正直"等普遍伦理观。

⑦排除万难，永不放弃

当遭遇意料之外的困难和状况时，若匆匆放弃，则只会一事无成。领导必须拥有"不屈的斗志"，带好队伍，

小知识：对日航干部实施的领导素质培训

当年在重建日航时，稻盛召集了日航大约50名经营层干部，开展了为时1个月（始于2010年6月）的领导素质培训活动。其间，向这些干部传授讲解的具体内容包括"销售最大化，费用最小化"等经营要诀，以及成为领导的必要条件（例如"领导应人格卓越，从而赢得下属尊敬""对于既定目标，领导必须意志坚强，无论周围环境如何变化，都要予以实现"等）。

突破困境。

⑧关爱下属

领导要以关爱之心对下属予以培养，促进其成长。这里的"关爱"并非单纯的溺爱，而应兼具体贴和严格。

领导倘若只是个一味迎合下属的"好好先生"，下属便无法成长。而真正意义上的关爱应该是"下属有困难时体察相助""下属犯错误时严厉训斥"。

⑨激励下属

若想打造"朝着目标热情如火"的组织，领导关键要引导和激励下属"在工作中保持干劲"，即构建"充满主观能动性"的组织机制。

要想激励人，就要懂人心。比如，当下属工作表现出色时，要慰问犒劳；当下属遇到困难犯愁时，要建言指导。要善于发现下属的优点并给予赞扬。总之，营造能激发下属干劲的职场氛围，亦是领导的职责之一。

⑩必须不断发挥创造性

企业要想在激烈竞争中求生存，就必须不断挑战尝试新产品、新市场和新技术。安于维持现状的组织，等待它的只有衰退的命运。领导必须常常思考"是否有其他好点子或好办法"，从而不断努力进步。

领导要赢得下属的尊敬

领导! 领导! 领导! 领导!

1. 目的
2. 计划性
3. 愿望
4. 努力
5. 意志
6. 人格
7. 不屈
8. 关爱
9. 激励
10. 创造性

2
大家族主义化解劳资对立

■ **以实现企业"劳资一体的经营"为目标**

在京瓷成立的 1959 年，日本工会运动盛行。而入职京瓷的员工，也在较大程度上受到了这种社会大潮的影响，抱有偏见的思想，认为"经营者只会剥削压榨员工"。

对于创业伊始的小微企业而言，若是内部劳资对立，则等于在发生无谓的内耗。对此，稻盛尝试摸索"消除劳资对立的企业体制"，最终得出结论："经营者应尊重劳动者的立场和权利。而劳动者则应与经营者一起，为整个企业做出贡献。如此便可化解劳资对立。"

换言之，如果全体员工能为了"劳资双方的共同目标"而团结努力，便能打造成"最强大的集体组织"。为此，稻盛着眼于日本传统的"家族关系"，从中找到了劳资关系的理想形态。

在一个美好和谐的家庭里，祖父母、父母和子女们互相关爱、通力合作。同理，如果经营者和员工们能像一家人那样彼此鼓励，便能实现企业"劳资一体的经营"。稻盛把这样的关系称作"大家族主义"，并以此为企业经营之基础。

■ 要实现大家族主义，经营理念不可或缺

而要以大家族主义为磐石，企业就需要经营哲学以及能让全体员工理解并接受的经营目标（"经营理念"）。倘若缺乏为之奋斗的目标，即便大声呼吁"大家要像家人般相互关怀"，也无法实现集体意识的相应转变。

前面提到，京瓷的经营理念是"追求全体员工物质和精神两方面的幸福，为人类和社会进步发展做贡献"。

而京瓷之所以如此立足于"员工的物质和精神两方面"，其缘于"为公无私"的原则，即"企业并非为了经营者而存在，而是为了全体员工而存在"。换言之，京瓷作为一家企业，已然达到了"超越劳资各自立场，组织上下团结一致"的境界。

■ "缺乏关爱"是企业丑闻的诱因之一

喜他人所喜，建立家人般的信赖关系——这便是稻盛眼中"劳资关系的原点",也是京瓷基业之基础。

伙伴有难,应给予无条件帮助。上司和下属也好,同事之间也好,若是缺乏这样的信赖关系,则企业难以成长。唯有相互如家人般关爱,彼此取长补短,企业才能发展。

如今常常会传出各类企业丑闻。而导致这些丑闻或违规事件的诱因之一,便是"缺乏关爱"。换言之,经营者把员工当用人使唤,单方面地发号施令。这种缺乏家族关爱的体制,会破坏企业伦理。

可见,支撑企业的基础是"家人般的关爱"。而稻盛所倡导的"以心为本的经营",也就是"重视家人般劳资关系的经营"。

支撑企业的大家族主义

◉ 劳资一体＝团结一致

大家一起为企业出力！

大家一起努力奋斗！

✕ 假如劳资对立，则企业难以成长

才不会输给你！

我可不能输！

3
打动人不可光靠钱，而要靠心

■ 有比工资和奖金更重要的东西

前面提到，激励员工是领导的职责之一。说到快速激励员工的手段，可能很多人首先会想到"加薪"。

问题是，钱这东西一旦加了，就不能减——如果之后奖金减少的话，员工的干劲搞不好会一落千丈。

假如企业年年收益增加，那么问题还不大，可但凡营商，皆会遭遇经济萧条或自身发展不顺的情况。一旦企业营收减少，那如何是好？若是因此给员工降薪或扣奖金，那他们的士气就会锐减。

要是问有没有能超越这种金钱得失的激励方法，答案是肯定的，那就是"靠人心"。通过明确目标、排除万难，人就能感受到喜悦和意义。

鉴于此，对一个组织而言，其巨大的活力之源是"梦想"。早在创业之初，稻盛就描绘了宏伟的梦想蓝图——"成为世界第一"。

前面提到，当时的京瓷是借用别人的仓库作为厂房和办公地的。换作普通人，就连成为所在城区第一的企业恐怕都不敢想，可稻盛却渴望成为世界第一，可见他的梦想多么远大。

而当时的京瓷员工认同了稻盛的宏伟梦想，并为这个梦想齐心奋斗。梦想能催生热情。而正如前述的成功方程式所揭示的那样，若是怀有热情，便能克服能力的局限，创造出巨大的成果。

现实中的工作也许单调枯燥，但唯有不断付出这种看似不起眼的努力，才能实现远大梦想。延伸到企业，唯有全体员工朝着同一个目标勤勤恳恳地努力工作，才能战胜困难。

■ "劳资同轴"乃立业之本

京瓷也好，KDDI也好，日航也好，它们都采用名为"阿米巴经营"（本书第5章会予以详述）的全员参与型的部门独立核算经营制度。它把企业的各个部门细分为一个

小知识："劳资同轴"与"责任二分论"

自成立之初，京瓷工会的理念就是"彻底追求超越劳资关系的企业全员幸福，打造世界独一无二的工会组织"。直至今日，京瓷工会"劳资同轴""责任二分论"的原则依然传承了其当年成立时的初心。其中，"劳资同轴"意为"劳资如车的同轴两轮，一齐奔向幸福之路"；而"责任二分论"是指"对于重大责任，劳资双方要共同分担"。

个小集体（阿米巴），各阿米巴采取独立核算制。

当阿米巴达成业绩目标时，企业并不会给予奖金之类的物质奖励。阿米巴基本上只会得到赞扬和感谢之类的精神荣誉。

换言之，阿米巴经营并非成果主义或唯业绩主义的产物，其特征是在"确保企业和谐"的同时，保证全体员工的整体薪酬。这有别于故意让员工彼此竞争的成果主义。

而京瓷员工之所以会满足于赞扬（鼓掌）之类的精神荣誉，缘于"京瓷哲学"这样的企业文化在组织内的深深扎根。对京瓷员工而言，"为大家努力是乐事""员工如家人，互帮互助天经地义"。

换言之，在京瓷，员工也好，工会也好，都认为"大家亲如一家"。京瓷的工会成立于京瓷创立10年后（1969年）的9月。自成立之初，其秉承的理念就是"彻底追求超越劳资关系的企业全员的幸福，打造世界独一无二的工会组织"。直至今日，京瓷工会"劳资同轴""责任二分论"的原则依然传承了其当年成立时的初心。可见，"劳资协力，共建企业"的思想一直扎根于京瓷。

"劳资同轴"与"责任二分"成就企业

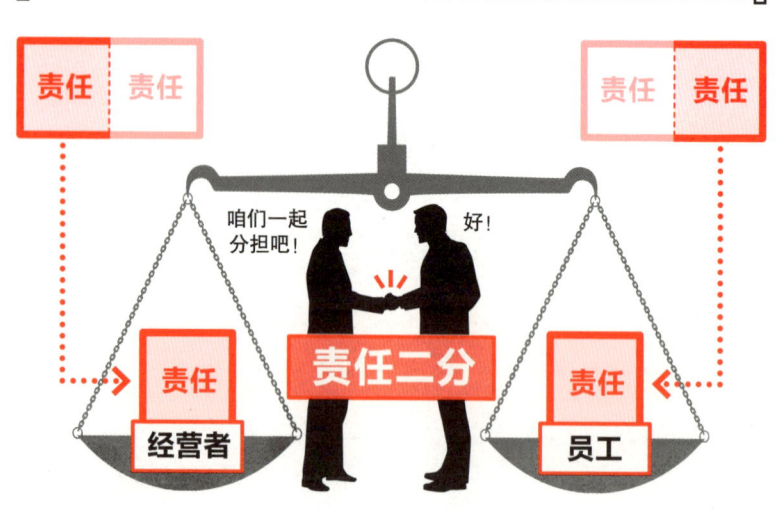

拜托了！ 让我们一同前进！

经营者　员工

劳资同轴

咱们一起分担吧！　好！

责任　责任　　责任　责任

经营者　**责任二分**　员工

4 对于努力的部门，企业要给予称赞和感谢

■ "业绩与薪资挂钩"容易产生不公平感

在稻盛看来，不少企业采用的"业绩与薪资挂钩"制度（即业绩与收入相关联，业绩提升就加钱，业绩下降就扣钱）容易产生矛盾。至于其理由，他指出"即便该制度设计合理，但员工感情上很难接受"。

打个比方，由于业绩下滑，一名员工收入减了四成。即便该员工对此在理性层面表示理解，认为"企业如此规定，没有办法"，但在感性层面却往往会产生不满情绪。而经营者对此也可能左右为难，觉得"减八成或许太残忍了，搞不好员工会跳槽走人"，于是"半吊子"地减个四成算了。

反之，若业绩表现大好，按照规定应该给员工加薪八成，可经营者此时又往往会犹豫，担心"给员工加薪这么多，企业以后吃不吃得消呢……"，于是只加薪四成作数。

可见，减薪也好，加薪也罢，结果都没有按照规章办事，所以矛盾自然会产生。换言之，所谓"业绩与薪资挂钩"的制度，很容易沦为一纸空文。

此外，隶属于业绩好的部门的员工自然欢喜，而隶属于业绩差的部门的员工会觉得自己"无论再怎么努力也难逃被扣钱的命运"，如此便会催生企业内部的不公平感。

■ 通过全体降薪，挺过石油危机

当年第一次石油危机爆发时，京瓷也受到了巨大冲击，订单骤减。在危机之前，京瓷每年都给员工涨薪，并保持着每年两成左右的涨幅。可在石油危机之下，稻盛当时心生危机感，他明白"倘若依然保持这样的工资涨幅，企业搞不好就会停摆"。

于是他与京瓷工会进行交涉，双方最终达成共识——不仅废除每年两成左右的工资涨幅，而且暂定"一年之内不涨薪"。

这种劳资一体的团结机制当时赋予了京瓷出色的竞争力，一年后，公司业绩迅速恢复（到了第二年，包括前一年没涨的那部分在内，都给员工补齐了）。换言之，通过全体变相降薪，京瓷挺过了危机。

第2章　超越雇佣关系

换作"业绩与薪资挂钩"的薪酬制度，那么在遭遇上述危机时，不但难以化解危机，甚至还会雪上加霜。而稻盛把企业视为一体，在他看来，"若是业绩下滑，则大家应该一起勒紧裤腰带"。

反之，若是因为一时的业绩好而给特定部门加薪，则其他部门会心生嫉妒；而若是因为一时的业绩不振而给特定部门减薪，则该部门的员工会丧失斗志。

前面提到，京瓷采用的是基于小集体的部门独立核算制（阿米巴经营），其以小时为单位，把劳动时间所创造的附加价值（**单位时间附加值**）作为考核指标（本书第150页予以详述）。而对于创造高单位时间附加值、为企业做出贡献的集体和个人，京瓷会表示"称赞和感谢"，但没有金钱和物质的奖励。

在京瓷，这样的"称赞和感谢"的确发挥了激励员工的"引擎"作用（如果业绩大幅提升，京瓷会基于"公平报偿"的原则，给全体员工发临时奖金）。

关键词：单位时间附加值

稻盛采用"扣除后销售额"（即"销售额—费用支出"）的概念，它与一般经济用语中的"附加价值"较为接近。京瓷把该附加价值÷总时间，从而得出"单位时间附加价值"。该指标简称为"单位时间附加值"。如果把企业经营比作驾驶飞机，机长便是经营者，而单位时间核算表等同于驾驶舱里的仪表。

"业绩与薪资挂钩"的薪酬制度会产生不公平感

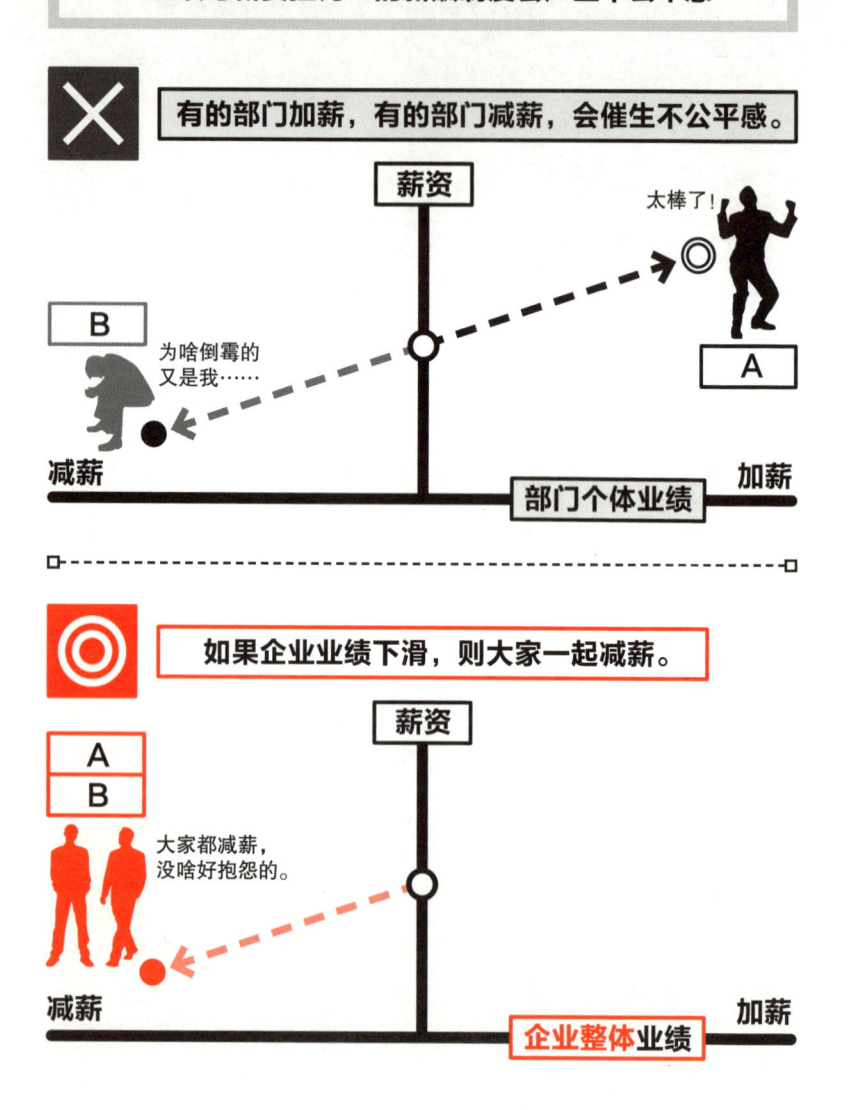

✗ 有的部门加薪，有的部门减薪，会催生不公平感。

薪资

B：为啥倒霉的又是我……

A：太棒了！

减薪 ← 部门个体业绩 → 加薪

◎ 如果企业业绩下滑，则大家一起减薪。

薪资

A / B：大家都减薪，没啥好抱怨的。

减薪 ← 企业整体业绩 → 加薪

5 唯有率先垂范，员工才会追随

■ 视企业为私有物的经营者，会被员工抛弃

如果经营者把企业视为"自己赚钱发财的载体和工具"，则其没有资格叫员工努力奋斗。经营者若是不明确"企业存在"的目的和意义，即便"加油""努力"叫得再响，员工士气也不会提升。再看稻盛，他之所以能够理直气壮地呼吁员工努力工作，是因为他创立京瓷并非"为了自己发财"。

前面提到，京瓷的存在意义是"追求全体员工物质和精神两方面的幸福"。而企业唯有经营状况稳定，员工的幸福才能保证。因此稻盛有资格大声呼吁员工："为了守护企业，大家都要努力！"

此外，稻盛还曾宣布道："京瓷不搞世袭。我不会让子女或亲戚继承公司。"这种恬淡直爽的态度，源于他那"企业并非私有物"的思想。也正因如此，他才能够激励鞭策员工："不断努力！加倍努力！"

■ 以身作则是领导的职责

经营者既然叫员工努力工作，那其自身也必须努力工作。要想让员工出力，自己要率先垂范，这是经营者的基本职责。不仅如此，居上位者，即便对于他人不愿做的工作，自己也要身先士卒地去做。

无论经营者嘴上说得多么漂亮，若没有实际行动，就无法得人心。换言之，要想让别人做什么，首先自己必须先去做——唯有这般率先垂范，周围人才会追随。

反之，若是抱有逃避的想法，比如"哪怕我不做，反正有人做""麻烦棘手的工作，推给别人就行"，则前面提到的"劳资同轴"便难以实现。

正如稻盛所言，"领导必须冲在最前线。用这种以身作则的态度感化员工，是领导的职责之一"。

总之，领导需要冲锋在前、吃苦在前的勇气。当年重建日航时，稻盛走访日航在全国各地的相关基层部门，旨在与管理人员和普通员工当面沟通、交换想法。这亦可谓是率先垂范的具体体现。

关键词：率先垂范

即"带头发挥模范作用"，这也是"京瓷哲学"的条目之一。稻盛曾强调道："企业经营者应向全体员工明示企业的目标和意义，并寻求他们的认同与合作。为此，经营者自身必须率先垂范，这可谓企业发展的原动力。"

第 2 章　超越雇佣关系

领导带头行动

领导应该冲在最前线

优秀领导的特质

- 明确工作的意义与目的
- 抑制私利私欲，不把企业作为自己的私有物
- 带头发挥模范作用
- 身先士卒，为他人所不愿为
- 以态度感化下属
- 拥有不惧劳苦的勇气

6 企业如建筑——用人为墙，用人为城

■ 小石大石，皆有作用

日本木匠大师西冈常一先生（修复日本法隆寺和药师寺的知名工匠）曾说，在修建寺院的木工行业里，有下述世代相传的"口诀"：

"设计木结构不能按尺寸，而要视树的特性而定。处理树之特性，犹如对待人心。而妥善对待人心，要靠体谅和关爱。"

树木如人，各自不同。有的树木生来扭曲，有的树木生来翘曲。所谓"设计木结构不能按尺寸，而要视树的特性而定"，即要观察树木的特性，然后相应地设计木结构，从而使该树木在建筑结构中的应力偏差为零。唯有如此，木建筑才会坚如磐石。

这种"取参差不齐之材，使之合为一体"的技法，可谓难度极高。

企业经营亦同理。唯有让个性和才能各异的员工充分发挥作用，企业才能做大做强。

关于用人，日本古代武将武田信玄曾留下名言"用人为墙，用人为城"（即人心才是最坚固的城墙。——编者注）。稻盛曾基于这句话，把企业也引申为"城池"。

在古代，城池的石墙由石块堆成，其中有小石块，也有大石块。且唯有在大石块之间嵌入小石块，石墙才能坚固。换言之，小石大石，皆在发挥自身的作用。

可见，有的人或如小石，其也许个人能力并不抢眼，但人品优秀，且能团结周围的人，并为企业奋斗和奉献。

在稻盛看来，这样的人应予以积极起用。从短期看，其能力瓶颈似乎会拉低组织效率，但从长远来看，其会起到强化组织的重要作用。

■ **有智出智，有力出力**

京瓷的技术革新成果并非只是一小撮精英研发人员创造的，还得益于一大批普通研发人员看似不起眼的一步步努力。换言之，支撑企业的并不只是"一部分聪明绝顶之人"。

在识人用人方面，稻盛的理念是："一个人即便能力有限，但只要认真诚实，并愿意为了企业努力工作，那这个人就值得珍惜。"

换言之，稻盛看重的是"员工的人品、人格以及对企业的热爱程度"。

总之，每个人都有自己可以发挥作用的舞台。能力有高低，人却无贵贱。大家有智出智，有力出力——这便是组织应有的形态。

第 2 章 超越雇佣关系

众志成城，方为强大

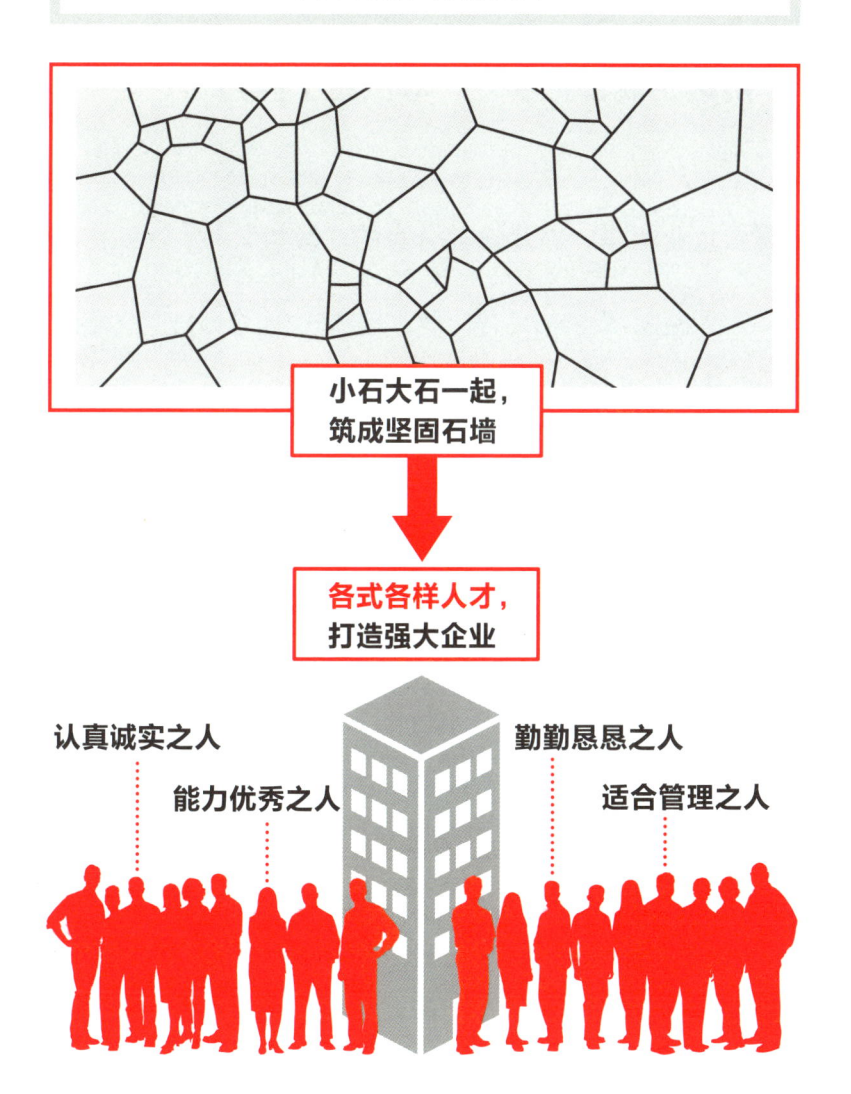

小石大石一起，筑成坚固石墙

↓

各式各样人才， 打造强大企业

认真诚实之人

能力优秀之人

勤勤恳恳之人

适合管理之人

7 挑选企业二把手——心灵重于能力

■ 企业哲学，亦是培养分身的"教材"

稻盛说，曾经有一段时间，他梦想"能像孙悟空一样，拥有自己的分身"。

当时正值京瓷的急速成长期，分身乏术的他希望"能有和自己一样的员工"，可就是找不到这样的人才。

"要是能变出几个自己的分身，命令他们'你去管业务，你去管生产'，那该有多好。"基于这样的愿望，稻盛冥思苦想，最终得出结论——人当然没法像孙悟空那样拔毛就能变出分身，既然找不到和自己一样的人才，那只能想办法培养下属，让他们负责各个部门。

于是，稻盛以那些有望成为自己分身的员工为对象，亲自向他们传授自己的企业哲学。

他的理由很简单，既然自己经营企业所依靠的判断基准是哲学，那么只要培养出和自己拥有相同哲学理念、相同思维方式、相同判断基准的人即可。

在他看来，各部门负责人（企业经营伙伴），必须具备和经营者相同的责任感，且必须拥有与经营者相同的思考角度和立场。

所以对稻盛而言，企业哲学亦是培养分身的"教材"。

放权不等于放任

在培养出值得信赖的下属并分配好工作任务后，稻盛并不会彻底放任，不闻不问。

即便对于"和自己拥有相同哲学理念、相同思维方式、相同判断基准"的下属，他还是会密切关注、追问结果。有的企业经营者或许认为"既然放权，就要放任"，但稻盛并不这么看。

一旦发现有悖于企业哲学的行为，他就会立即厉声训斥道："你这家伙在瞎搞什么呢！"身为部门负责人，其担负着部门的未来前途以及部门内员工的生活保障，因此若出不了成果，当然会被追究。而唯有如此，才能培养出富有责任感的干部。

挑选企业二把手——人格重于能力

"个人能力甚至超过经营者的干将型员工"和"能力比不上经营者，但心灵纯粹、态度认真的勤恳型员工"，哪一类人更适合当二把手呢？

若是稻盛，肯定会毫不犹豫地选择后者。特别是中小企业，如果让前者接班，恐有"因激进战略恶化企业经营"或"因刚愎自用破坏企业和谐"之虞。

而稻盛认为，成为二把手的必要条件是"人格"。换言之，在他看来，唯有兼具"关爱下属"和"体谅上级"两方面品格之人，才有资格成为企业二把手。

正所谓"以德载才"，一个人无论才能多高，若是没有与才能所匹配的人品，则与无才无异。

中国明代思想家吕新吾在其著作《呻吟语》中说："深沉厚重，是第一等资质；磊落豪雄，是第二等资质；聪明才辩，是第三等资质。"

关键词：吕新吾

吕新吾是中国明末时期知名的政治家，他著有《呻吟语》一书。书中谈及了"何谓模范型的领导"以及"领导的资质"，他得出的结论是"比起能言善辩、才干出众者，性格厚重、人品优秀之人更是领导之才"。

第 2 章　超越雇佣关系

培养和自己拥有相同哲学理念的分身

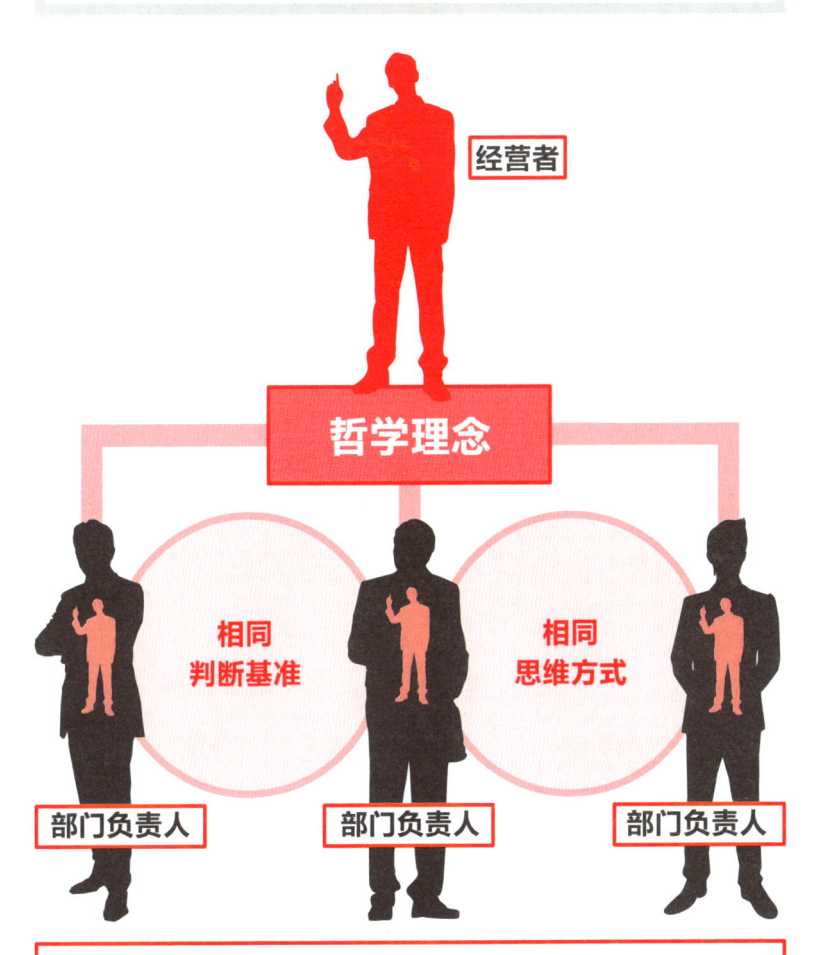

经营者

哲学理念

相同判断基准　　相同思维方式

部门负责人　　部门负责人　　部门负责人

若能形成哲学共识，便能培养出如同自己分身的人（即企业经营伙伴）。

可见，头脑聪明和有才，只算第三等资质。而最为重要的是"深沉厚重"，即"深思熟虑、处事慎重、性格稳重"。

总之，比起功绩和才能，"人格人品优秀"才是成为二把手的必要条件。

挑选企业二把手——人格重于能力

✗ 不适合当二把手的人

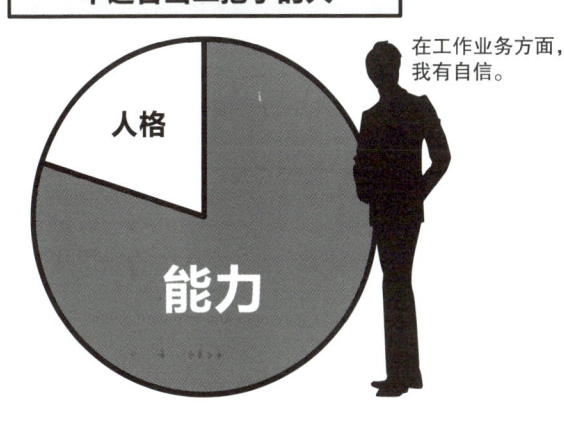

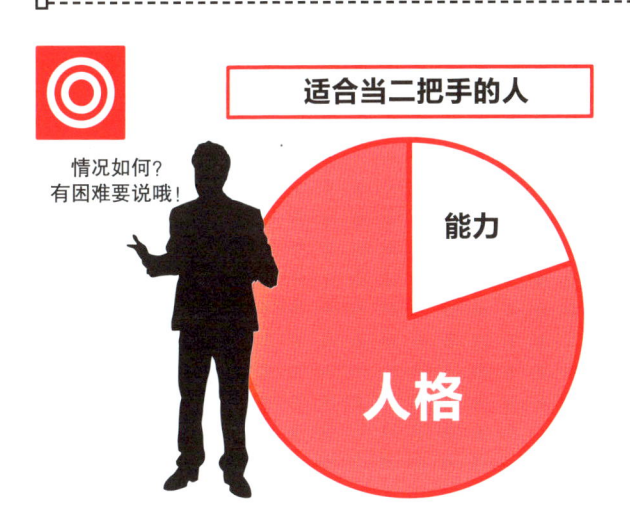

- 人格
- 能力

在工作业务方面，我有自信。

◎ 适合当二把手的人

情况如何？有困难要说哦！

- 能力
- 人格

8
空巴是改变人生的酒会

■ **在京瓷,有专门用于聚会喝酒的日式房间**

无论身体状况多差,哪怕刚打完针回来,有一种聚会,稻盛都会抱病参加。那就是"空巴"。

简单来说,空巴就是喝酒聚会,也就是酒话会。

关于举办空巴的目的,稻盛曾坦言道:"一开始我的意见和想法往往难以传达到位,所以我就以空巴的方式,让大家同食同饮,开诚布公,从而理解我的真意。"

在京瓷,为了实现彼此之间"家人般的交流沟通",空巴是一种被推崇的方式。

可如果在外面的餐饮店举办空巴,参加者往往会趋于拘束和客套,因此稻盛的办法是"干脆就在公司里办",所以京瓷总部大楼的12层有一间铺有100张榻榻米的"空巴专用活动室"。而之所以采用日式房间的装潢和布置,是因为大家围坐在榻榻米上更显亲密、更像一家人。鉴于此,"日式房间+围坐喝酒吃火锅"是空巴的基本形式。

但空巴虽是酒话会，但它不同于一般的喝酒聚会，其既非开玩笑找乐子的场合，也非释放满腹牢骚的地方。

它是员工彼此谈人生、促进步的地方。而作为主办人的稻盛，既会在其间向下属或员工道歉："对不起，当时是我有错"，也会质问或告诫下属或员工："你的思想有问题啊！"稻盛也好，员工也罢，都会在空巴现场认真探讨人生和工作。可见空巴可谓是"自我修行"和"自我锻炼"的场合。

后来，京瓷发展为国际化企业，每年要举办两次"国际经营会议"。届时，京瓷位于全球各地分公司的领导都会参加。而在该会议结束后，寿喜锅和好酒都会为大家备好。

空巴有自己的"门规"

如果把京瓷的空巴比作团建的一种流派，那它有自己的"门规"。其包括"全员参加""目的明确""花费尽量低，菜码尽量大，酒要保证不能断"等。

鉴于此，食材由运营员工食堂的供应商低价提供，参加费用则由员工全额个人负担，但平摊到每个人的费用也就 2000 到 3000 日元。

而这种日式装潢的空巴会场不仅在京瓷总部大楼里有，大部分京瓷的工厂里也都有。有的工厂甚至一年内要举办350次左右的空巴。

当年重建日航时，为了促进员工的意识改革，稻盛也时常举办简化版的空巴。当时，在气氛沉重的董事干部会议结束后，稻盛会叫人把会议室的长桌子拼起来，再摆上罐装啤酒和下酒菜，然后大家一边喝酒，一边开诚布公地深入讨论关于重建日航的各种课题。

可见，喝酒也讲究喝法，且其足以改变人生。

换言之，喝酒既能让人堕落，也能让人升华。而一边喝酒，一边探讨人生和活法，便是稻盛思考而得的"正确的喝酒方式"。

小知识

空巴是"员工彼此之间推心置腹、真诚讨论工作想法和梦想的场合"，同时也是增强员工连带感和构建家人般信赖关系的重要场合。此外，当阿米巴之间产生利害冲突时，空巴也起到了润滑剂的作用。它亦可谓京瓷"大家族主义"的象征之一。

第 2 章 超越雇佣关系

空巴是锻炼自我的酒会

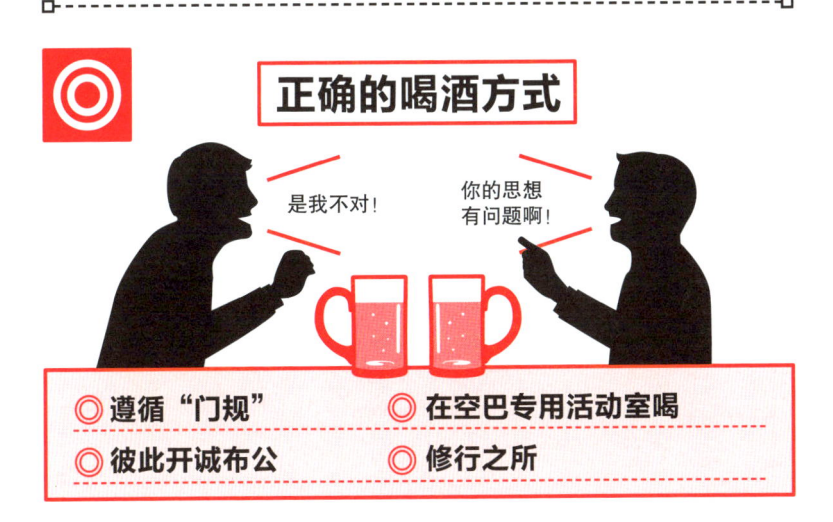

错误的喝酒方式

工资太低了……

那种活儿实在没法干！

- ✕ 搞笑打诨
- ✕ 抱怨公司
- ✕ 去外面喝
- ✕ 嚼上司舌根

正确的喝酒方式

是我不对！

你的思想有问题啊！

- ◎ 遵循"门规"
- ◎ 在空巴专用活动室喝
- ◎ 彼此开诚布公
- ◎ 修行之所

小专栏 2
盛和塾是学习哲学的人生修炼道场

　　盛和塾是学习稻盛经营哲学和人生哲学的"修行之所",而并非一般意义上的学习"经营技巧"的培训机构。

　　盛和塾在日本各地拥有分部,这些分部会定期请身为塾长的稻盛莅临,召开例会。

　　该例会内容包括稻盛基于自身实际经验之谈的"塾长讲话"(或者是为塾生答疑的"经营问答")以及空巴形式的"恳亲会"。

　　不仅如此,盛和塾每年还会召开一次旨在促进全球各地盛和塾塾生交流的"世界大会"(一般在每年的7至9月召开,为期两天一晚)。

　　在空巴活动中,在场人数众多的塾生都会争相找稻盛请教,因此他甚至没时间吃饭。即便如此,他依然平等地对待所有塾生,一一认真解答他们的问题。

　　空巴结束后,众人常常还会接着去喝第二场,若是去卡拉OK的话,稻盛塾长还会亲自深情献唱,其保留曲目有《爱马进军歌》(讲述人马一体的骑兵和军马奔赴战场的传统民歌)和《故乡》等。他那响亮歌声,实乃绝品。

　　第二场喝罢后,稻盛有时还会拉塾生去吃拉面或牛肉饭,这平易近人的性格特质,亦是他广受爱戴的原因之一。

第 3 章
打造高收益的经营体质

1 企业必须实现高收益的六大理由

> 要想经营稳定、企业成长,财务层面的"健康体质"不可或缺

在京瓷创立之初,稻盛从赞助人那里借到了 1000 万日元的运作资金。为了早日偿还这笔借款,京瓷就必须实现盈利。

在企业成立后的第一年,京瓷创造了 300 万日元的税前利润,但刨去税金、员工奖金和股东红利后,手头只剩 100 万日元左右。照这样下去,还清 1000 万日元得花 10 年时间。

于是稻盛心想"假如在减去税金及各种支出后,每年还能创造 300 万日元的净利润,那么 3 年便能还清这笔债务",以此为契机,他开始把"实现高收益经营"作为目标。

稻盛还具体列出了以下六大理由,来说明企业必须实现高收益,以及为什么高收益经营才是企业经营的理想形态。

第3章 打造高收益的经营体质

①增强财务层面的"健康体质"

企业手头资金一旦增加,就等于有了业务资金储备。企业利润一旦增加,在支付了税金和红利等费用后,剩下的净利润便是增加的自身资本,从而使企业能够稳定经营。而诸如"不依赖银行贷款""零债务"等经营目标,也需要高收益才能实现。

②实现未雨绸缪的稳定经营

哪怕经济环境骤变,或者企业陷入意外情况,只要财务层面"健康",即便不依赖裁员或减薪等消极手段,企业亦能挺过难关。

③实现对股东的高红利回报

一旦实现高收益,企业在不承受较大负担的前提下,亦能向股东支付较高的红利。

④为股东带来资本收益

企业业绩一旦提升,则股价也会水涨船高,于是便能为股东带来资本收益。此外,企业一旦手头资金富余,还能通过回购流通股的方式来减少股权稀释。

⑤扩大拓展业务时的选择面

企业一旦手头资金富余,就更容易进军新领域和新市场。在开展新业务时,必须做好初期连续亏损的准备,而为了能扛住这样的赤字压力,就需要财务层面的"健康体质"。

⑥拥有发起 M&A(合并·收购)、强化集团的能力

一旦实现了高收益,企业便有能力发起 M&A,将其他企业收入囊中。M&A 需要大量资金,而高收益的企业不会为筹措相关资金而犯愁,从而使"通过 M&A 拓展新业务"的战略成为可能。

关键词:资本收益

因所持有的债券、股票或土地等资产价格的上涨而获得的利益。

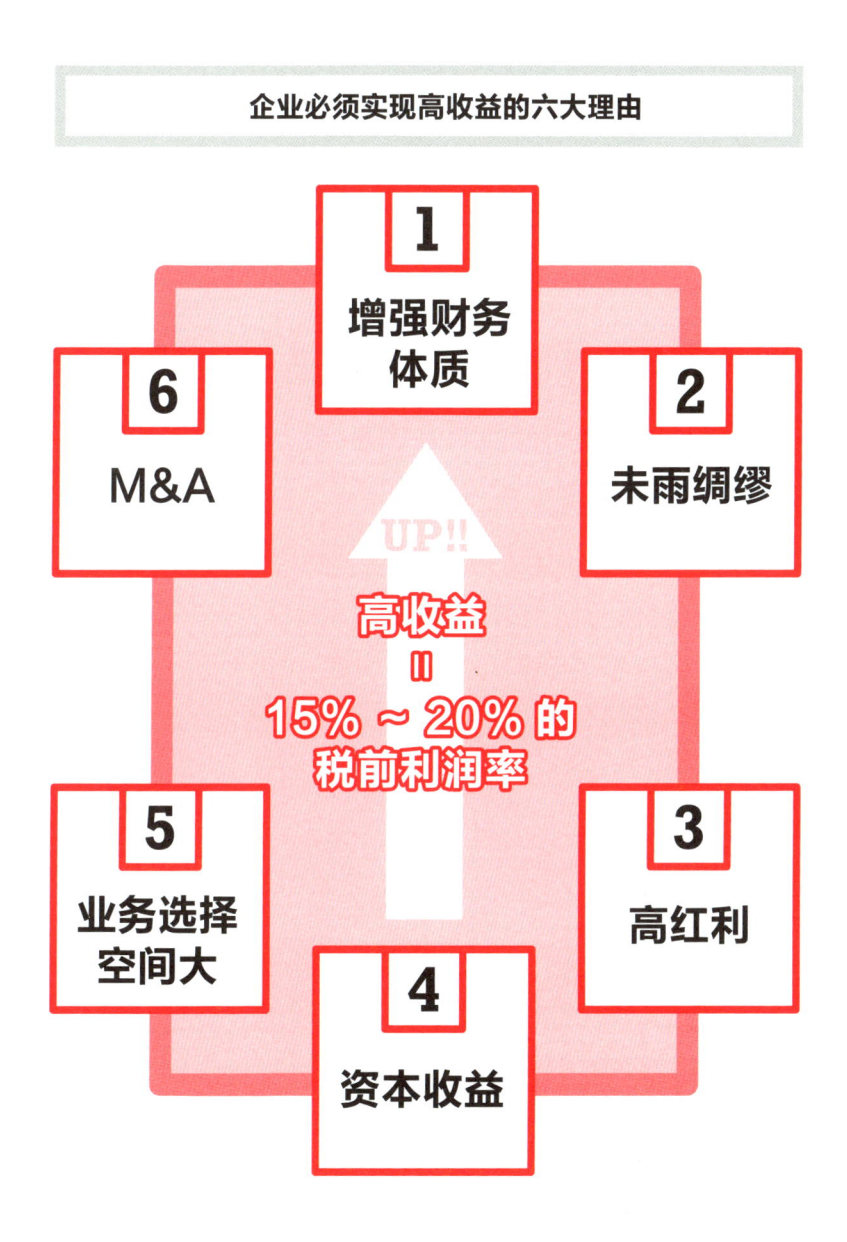

企业必须实现高收益的六大理由

1 增强财务体质

2 未雨绸缪

3 高红利

4 资本收益

5 业务选择空间大

6 M&A

高收益 = 15%～20% 的税前利润率

UP!!

2
没有 10% 的利润率，就没资格经营企业

10% 的利润率是企业经营的底线

稻盛对收益和利润的执着非同一般。他在这方面的严苛程度，堪称"魔鬼"。

在他看来，企业唯有创造出"能让全体员工一辈子生活无忧的利润"，才算得上是在"产生收益"。

在 1999 年 1 月举办的"突破国难·国民大会"的当晚，盛和塾的新春塾长例会召开。其间，身为塾长的稻盛对塾生呼吁道："大家要实现 10% 的经常利润率！"

在座的塾生对此颇为惊讶："现在企业尽是赤字，怎么可能做到！？而且还 10%，简直是天方夜谭。"

那稻盛口中的"10%"的依据是什么呢？在京瓷创立

关键词：突破国难·国民大会

1998 年，日本自民党和自由党宣布成立联合政府。以此为契机，后来的"突破国难·国民大会"得以召开。该大会由京瓷名誉会长稻盛和夫、住友电工顾问龟井正夫、伊藤忠商社特别顾问濑岛龙三等商界领军人物牵头，邀请到来自日本全国各地的企业经营者参加，共计 2400 人。会议中成立了支持两党联合政府的商界团体"日本振兴国民会"。

之初，银行给企业放贷的利息是5%。稻盛认为，作为制造型企业，如果京瓷拼死拼活创造的利润率还不及银行利率，那实在太过窝囊。于是他得出结论：

"应该创造倍于银行利率的利润率，即10%以上。不管是流通业还是制造业，倘若企业的税前利润率还不到10%，那就谈不上在经营企业。"

企业经营的九成取决于经营者的意志

那么怎样才能实现"10%的利润率"呢？在稻盛看来，能否实现，取决于经营者的意志。

就拿描绘未来蓝图和梦想来说，经营者能否畅想得栩栩如生，亦是关键所在。如果只是轻描淡写地茫然觉得"要是实现就好了"，目标就不会实现；唯有意志坚定，认为自己"一定要付诸行动""绝对能够做到"，梦想才有实现的可能。

鉴于此，稻盛曾强调道："企业经营的九成取决于经营者的意志。无论什么行业和经营情况，若能下定决心、努力钻研、发挥创意，则必能实现10%乃至更高的利润率。"

所以说，当企业销售额减少或出现赤字时，经营者就必须这么想:"既然如此,那就让企业在销售额减少的情况下依然能够赢利,打造抗压、抗萧条的超稳健型企业。"

能否这么想,其实很关键。不少企业之所以会陷入赤字,是因为经营者放弃追求高收益,对于"10%利润率"这样的目标,经营者心里觉得"做不到",这等于在潜意识中已然接受了赤字的现状。

可见,唯有具备发自心底的信念,并抱有燃烧的斗魂、强烈的愿望,坚信目标能达成,付出不亚于任何人的努力,方能实现高收益。

第 3 章　打造高收益的经营体质

强大的意志，方能实现高收益

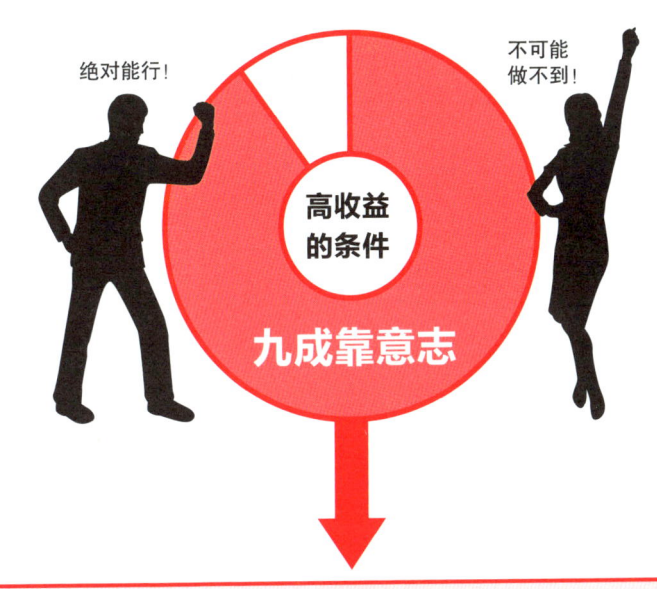

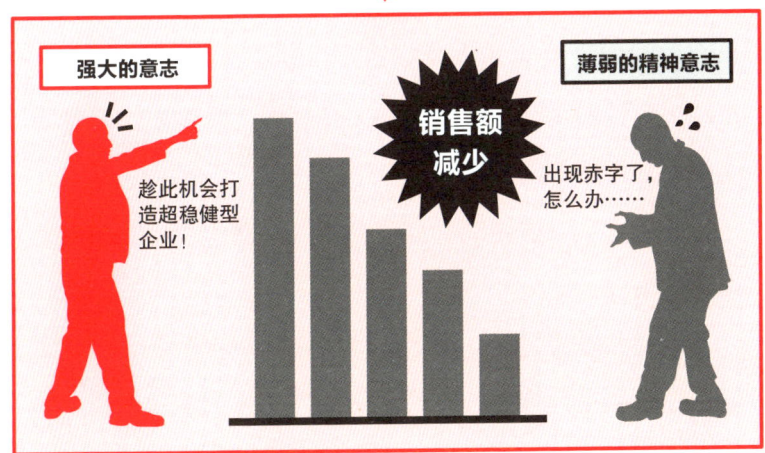

绝对能行！

不可能 做不到！

高收益 的条件

九成靠意志

强大的意志

趁此机会打造超稳健型企业！

销售额减少

薄弱的精神意志

出现赤字了，怎么办……

3
销售最大化，费用最小化

■ 若要实现高收益，费用支出便不可水涨船高

稻盛是技术人员出身，在京瓷创立之初，他完全没有财务、会计和经营方面的知识，因此委托财务部门的部长负责实务。到了月末，稻盛问部长"公司本月收支情况如何？"，结果得到的回答夹杂着一堆晦涩的财务专业术语，让他难以理解。

为了让自己也能搞懂，稻盛想出了一个方法——以简化直白的方式关注现金的流动，并由此得出结论："销售额减去各种费用支出，剩下的便是利润。既然如此，只要实现'销售最大化，费用最小化'，便能增加收益。"

从那以后，这便成了京瓷的经营原则——"销售最大化，费用最小化"。

纵观大多数企业，当销售额增加时，往往会认为相应的费用增加是合理的。比如之前销售额为100万日元的企业，突然总订单额翻倍为200万日元，于是就投入两倍的

人员和设备，来应对这 200 万日元的生产任务。

可这样的"加法经营"是无法实现高收益的。若要实现高收益，就不可随意增加费用，而应努力提高生产效率。换言之，当销售额增加时，不但不可水涨船高地增加费用，反而要尽量维持费用不变（甚至减少费用），方能保持高收益。

以"夜市乌冬摊"为例，培养员工销售和费用的意识

谈到销售和费用时，稻盛经常以夜市的乌冬面小吃摊为例来说明。为了培养京瓷干部经营企业的意识，稻盛会叫他们去"摆小吃摊，卖乌冬面"。这等于是一种具体的想象训练。

假设手头的启动资金是 5 万日元。首先必须进货，乌冬面去哪里买？是去超市买，还是直接去找制面工厂进货？汤汁材料怎么搞？是买贵一点的干鲣鱼来熬汤，还是直接买市场上的汤料成品？其他食材去哪里买？是去超市买，还是去找食品厂或农户直接进货？……

总之，既要控制成本，又得保证做出美味的乌冬面。同时定价亦很重要。是卖 300 日元一碗，还是 500 日元一

碗？卖得太贵没人吃，卖得太便宜又要亏。

而倘若成本低的同时味道也差，那更没戏。在京瓷，有一句形容产品的话叫"**要划破手的产品**"。意思是产品精度极高、外观锃亮，如同崭新的纸币一般，若是触摸，让人有似乎要划破手的错觉。唯有如此，才能让客户满意。鉴于此，夜市摊的乌冬面也必须美味。

对进价（费用）和售价的不同处理和决策，会大幅改变最终的利润。鉴于此，摊主必须合理巧妙地平衡费用、售价和品质，才能实现利益的最大化。

所以说，要理解"销售最大化，费用最小化"，夜市乌冬摊可谓是一种实战训练。

关键词：要划破手的产品

京瓷一直致力于生产高品质产品，因此其产品的观感和手感必须"如同崭新的纸币一般"。为了生产出如此优质的产品，京瓷一开始不会考虑成本核算层面的问题，而是先全力做出一件完美的样品，然后再考虑成本等因素，从而研究和推进实际量产。

销售最大化，费用最小化

✗ 加法经营

当销售额增加时，费用也水涨船高。

| 销售额 | 销售额 |
| 费用 | 费用 |

◎ 销售最大化，费用最小化

费用不变或不增反减。

| 销售额 | 销售额 |
| 费用 | 费用 |

4
定价即经营，领导应对此负责

■ 目标是"不能再高"的极限值

稻盛不赞同"利润适当值"的观点，在他看来，利润的提升空间是无限的，且产生利润的关键在于"定价"。

比如，究竟是薄利多销，还是高利少销——不同的定价策略，会大幅影响利润。可见，理想的定价必须能实现"销售量与利润率的最大乘积"。

但在现实中，要预测"定价与销量的关系"绝非易事。若定价太低，哪怕再怎么削减费用支出，最终核算业绩也不会好看；反之，若定价太高，则导致滞销的库存积压。

正因为定价会如此左右企业经营，所以稻盛主张"定价最终应由经营者判断和拍板"。

他还指出，经营者必须准确找出"顾客乐意付钱购买

关键词：定价

企业必须努力以最低的费用成本生产出让客户或顾客满意的完美产品。这样才能产生利润。鉴于此，售价也好，成本也罢，皆非一成不变之物。定价之基本在于找到极限值，这个极限值是客户和企业都乐于接受的最高价格。这才是真正意义的定价，而非一般所认为的"生产成本＋销售费用＋利润"的累加。

的最高极限价格"。

总之,定价取决于经营者的思想、哲学和思维方式。强势的人定价强势,软弱的人定价软弱。

鉴于此,稻盛还指出,若是错误的定价导致企业业绩恶化,则问题出在经营者的心理层面,即"经营者的思想、哲学和思维方式有所欠缺"。

■ 看准客户能接受的最高价格,并大量卖出去

作为销售部门或销售员,自然经常会被客户要求降价。可若是轻易答应降价,企业利润便难以充分保证。且若是一味降价,则销售员便没有了存在的意义。

在稻盛看来,看准客户能接受的最高价格,并大量卖出去,才是销售员的真正价值所在。

在京瓷创立之初,稻盛亲自深入销售第一线,据说有时他还会去客户那里要订单。

可跑业务和拿订单实属不易。客户们往往会故意压价:"如果你们的产品比别家便宜,我就下单。"有的客户还会"套路"道:"A公司比你们京瓷的报价要低15%。"听客户这么说,京瓷的销售部门开始慌忙思考如何降价。

若是靠便宜的报价获得订单,销售量或许会增加,可

生产部门却不得不再度压缩成本。对此,稻盛当时对销售部门质问道:"若是无底线降价,销量当然会增加,可这样真的好吗?销售的使命是什么?应该是看准客户乐意付钱购买的最高价格。难道不对吗?!"

可见,在稻盛看来,合格的销售员应该能"看准客户能接受的最高价格,并大量卖出去"。

第3章 打造高收益的经营体质

定价取决于经营者的哲学

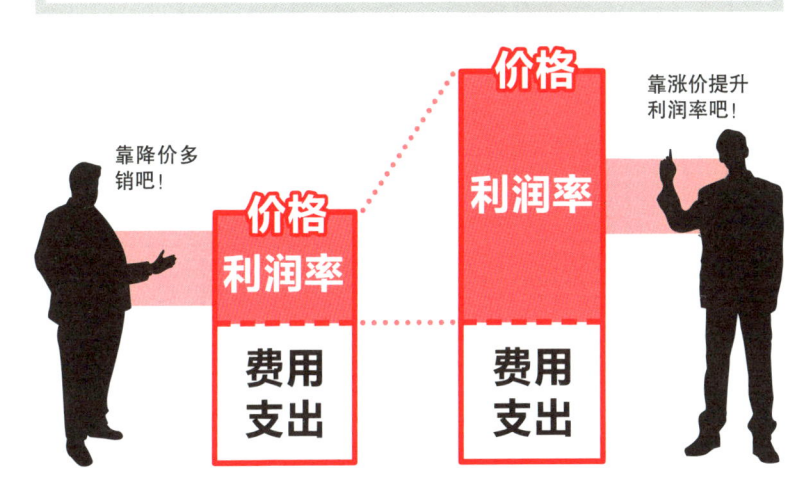

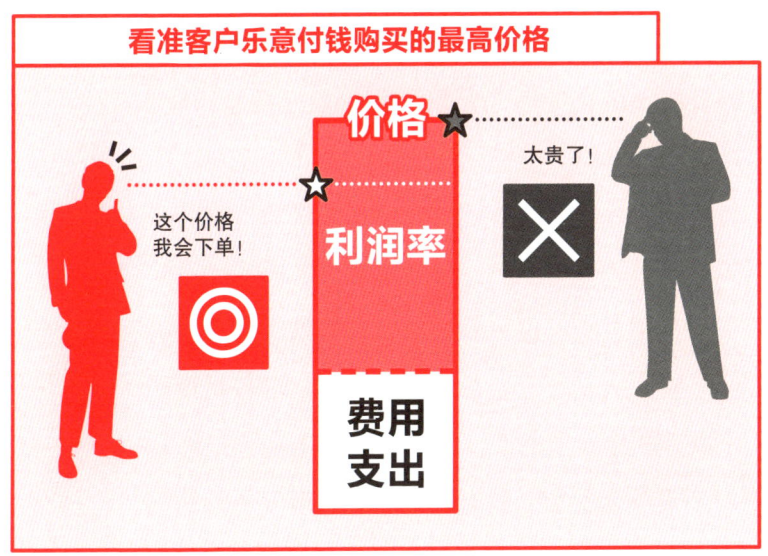

靠降价多销吧！

价格
利润率
费用支出

价格
利润率
费用支出

靠涨价提升利润率吧！

看准客户乐意付钱购买的最高价格

这个价格我会下单！ ◎

价格
利润率
费用支出

太贵了！ ✕

5
新业务应始于"特长的延伸"

■ 盲目进军全然不同的业务，只会徒增经营风险

企业若要进一步发展壮大，进军新业务是可选战略之一。诸如"多角度经营""新业务经营"等，都属于这种战略。

打个比方，假设有一家房地产企业打算进军餐饮业。作为房地产商，对于餐饮店的选址、装修和家具等自然门路较熟，可在如何经营餐饮店、如何招募相应人才方面，却完全没有相关经验。鉴于此，假如该企业不能取长补短地巧妙发挥自身既有的经验和资金优势，则会步入极大的风险区。

企业之所以进军新业务，归根结底肯定是为了扩大企业规模，从而稳定企业的经营情况。可若是没能活用和巧用既有的经验和资产，反而会增加企业的经营风险。

那么京瓷又是如何成功实现多角度经营的呢？它与那些失败的企业相比，究竟不同在哪里呢？

京瓷如今的业务范围广泛，涉及 IC 封装、电子部件、半导体部件、照相机、手机、人造宝石、太阳能电池等多个领域。有些领域"看似是与京瓷全然不同的业务"，但若追根究底，就会发现它们依然是京瓷"特长的延伸"。

就拿宝石来说，其与电子工业无关，销售渠道亦不相同。但与宝石相关的矿物结晶技术，其实是精制陶瓷技术的应用延伸。换言之，宝石业务亦是稻盛主张的"京瓷特长延伸"的产物。

稻盛曾基于围棋的落子技法，来思考多角度经营的方法："如果是干房地产的，就应该在既有业务的延长线上拓展新业务。这就像下围棋——若是不隔开落子，而是一个子紧挨着一个子，哪怕布局速度较慢，也不容易被对手击败。反之，若是想尽快取得阵地而隔点跳着落子，则产生的空隙会被对手利用。所以说，落子不可大跳。"

总之，多角度经营势必伴随着风险，而为了尽量降低风险，稻盛提出了"特长延伸"的战术。

> **小知识**
>
> 在启动新业务时，最重要的是自问是否"动机至善、私心了无"。若自己的确是动机至善，且在推进业务的过程中也一直如此，那就不必担心结果。

若要落子大跳成功，就需要付出不亚于任何人的努力

正如上述，稻盛在开展新业务时，往往以"自身既有特长"为起点。那么问题来了，稻盛所拓展的所有业务，皆是"特长的延伸"吗？

就拿照相机业务来说，京瓷当年通过收购八洲光学工业（YASHICA），进军了该领域。可照相机并非工业精制陶瓷技术的延伸。即便当时八洲光学工业恳求京瓷出手相救，但京瓷此举完全属于稻盛不提倡的"落子大跳"。

对此，稻盛当时决意道："我这个只知陶瓷的中年人，既然要进入相机行业，就必须付出莫大的辛劳。"

而后来，京瓷在相机制造业站稳了脚跟，创造了一定的业绩。究其原因，从稻盛下面的话可以找到答案：

"京瓷集团拥有能够扛住风险的实力。我深知落子大跳有多难。正因如此，我基于'京瓷哲学'和'阿米巴经营'，并持续付出了不亚于任何人的努力。"

第 3 章　打造高收益的经营体质

多角度经营要在既有业务的延长线上

不选择老本行
（特长）范围之
外的业务

新业务

新业务

新业务

新业务

新业务

新业务

新业务

选择与老本行（特长）
有关联的业务

老本行
（特长）

101

6 企业发展的四大法则

■ 立志成为"能为集体发展而努力的企业经营者"

为了维持高收益并拓展经营,稻盛提出了"企业发展的四大法则"。该法则可谓是对"六项精进"的另一角度的解读,其着眼的是"经营现场"。

【企业发展的四大法则】

①要谦虚,不要骄傲

人唯有谦虚,才能获得幸福。纵观成功者,往往既充满热情,又谨言慎行。

②梦想一定能实现

要想实现梦想,我们就应该"思善念善"。而最高层次的善念,则可谓是"体谅之心、慈悲之心"。作家雷蒙德·钱德勒在他的小说《重播》中写有一段话:"人不坚强,便无法生存。人不善良,则无资格活着。"

此话可谓阐明真理的名言。鉴于此,企业经营者亦必须保持善良、懂得体谅,并意志坚强。

③让万物进化发展的宇宙意志

宇宙拥有让万物进化和发展的意志力量。鉴于此，一个人若能做到积极向上，并付出不亚于任何人的努力，则其人生和事业也会与宇宙意志同步，从而取得发展进步。

④与宇宙意志相和谐的心性

作为人，不可自私自利、凡事只顾自己。鉴于此，在干事业时，我们要心怀"希望周围人皆获利得福"的愿望，本着一颗利他心，努力投身事业。如此一来，便与充满于宇宙中的"爱"互为和谐，从而带来人生和事业的成功。

稻盛还把上述四大法则以"宇宙坐标"的图解形式予以阐释（参照105页）。该坐标的纵轴为"成长发展之力"，横轴为"和谐之力"。

由图可见，若经营者到达该坐标右上部分的境界，即"拼命努力并拥有利他心"，便能实现最为稳定的企业经营。反之，若是堕入左下部分的境地，即"懒于努力，彼此内斗"，便如身处地狱，不得安宁。

> **小知识**
> 稻盛主张"宇宙拥有让万物生长发展的意志，若能拥有和实践顺应该意志的思维方式和活法，必能诸事顺利"。换言之，"与宇宙意志相和谐""拥抱万物，滋养万物"的思维方式，也就是充满体谅和慈悲的"利他心"。

鉴于此，若要实现高收益，经营者必须努力达到右上部分的境界。换言之，唯有"为众人谋发展，竭尽全力奋斗"之人，方能促成企业的发展。

第 3 章　打造高收益的经营体质

宇宙坐标

发展 / 努力

波澜起伏
虽有成功，但终会没落。

极乐
不断发展进步，希望人人顺利幸福。

以此为目标！

利己心 ——— 利他心

和谐

地狱
懈于努力，彼此内斗。

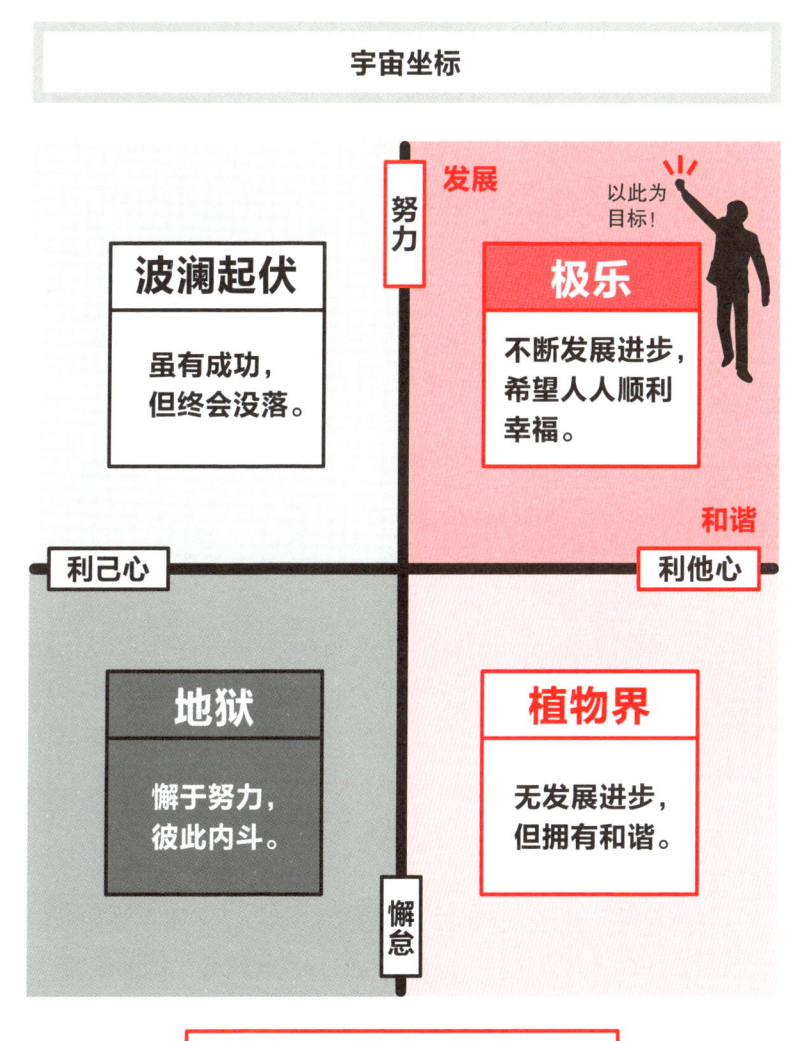

植物界
无发展进步，但拥有和谐。

懈怠

> 倘若懈于六项精进，便会受波澜起伏之苦，甚至堕入地狱。

105

小专栏 3

摆脱"企业寿命 30 年"之魔咒的两大方法

稻盛曾多次谈及"企业寿命 30 年"的说法，并强调："一家企业成立后，一旦过了 30 个年头，其组织就容易呈现饱和状态，从而失去活力。此时企业的危机感也会减弱，并会失去当年创业初期的拼劲。其企业理念也会逐渐褪色，且整个组织会充斥一种倦怠感。"

事实也的确如此。纵观破产倒闭的企业，其中有不少是历史较悠久的老牌企业。鉴于此，为预防企业僵化，稻盛提出如下两大方法：

"经营哲学和经营理念要得以传承。"

"要不断尝试挑战新领域。"

为了让员工传承企业的哲学和理念，稻盛采取了各种培训手段。向全体员工派发《京瓷哲学手册》亦是其中之一。在晨会时，要求京瓷员工按顺序朗读其中的条目，以此促进他们对企业理念的认识。

此外，稻盛当年之所以决心进军电信业（创立 DDI，如今的 KDDI），其目的之一便是"通过二次创业，为企业带来活力"。企业如人，亦有寿命。倘若一味死守着有限的既有业务不放，那么在不远的将来便会进入衰退期。为了避免这种情况，企业就必须积极开展新业务。

第 4 章
不拘泥于常识的会计原则

1
不懂会计，便称不上真正的企业经营者

■ **通过数字把握企业现状**

稻盛经常把经营企业比作驾驶飞机。

- 经营者＝机长
- 会计数据＝仪表数字

机长在驾驶飞机时，通过各种仪表所显示的数字，能够迅速把握飞机的高度、速度和航向，从而确保机体的正常飞行。

假如仪表丧失了实时显示数字变化的功能，那结果会如何？机长自然就无法把握飞机的航向和状态了。

企业经营亦同理。倘若会计数据无法实时体现企业的经营状态，经营者便会判断失误。哪怕数字本身再正确，一旦存在滞后，便失去了意义。

而京瓷之所以能够迅速开展业务，正是因为具备了"即时传达经营实情的会计机制"。

此外，即便企业的会计机制完备、相关数字即时显示，若是经营者不理解数字的含义和意义，则企业亦无法前进和发展。鉴于此，稻盛曾强调："若是不懂会计上数字的意义，便称不上真正的企业经营者。身为经营者，在审视决算书时，必须能听到利润由于成长停滞而发出的'叹息声'，以及企业自有资本由于缩水而发出的'啜泣声'。"

京瓷当年规模尚小时，就已经要求各部门在数日内提交月度决算报告。而稻盛无论视察哪个部门，都会先审视相关会计资料，从而把握经营方面的问题和状况。

对于决算书等会计资料，一些企业经营者不闻不问，将它们全权交由财务部门负责——这种做法会导致经营者误判企业实情，因此稻盛认为"经营者必须努力弄懂会计，甚至达到能反过来指导财务的水平，这才算是真正地在经营企业"。

在日航，收支管理精确至每个航班

当年负责重建日航时，稻盛首先着手的是"把握现状"。

当时的日航在计算收支时不但部门区分粗放，且报告要延后 2 至 3 个月。要想改善经营，把握现状是前提，而这样势必无法把握现状。

于是稻盛对此进行改革——对于月底封账的会计数据，他要求在次月初以月度损益计算书及资产负债表的形式提交，以供他确认；此外，他还将收支细分至每个航班。

纵观之前的日航，其只关注"整个航线网"总体的收支情况，对于具体每个航班的收支并不重视。对此，稻盛要求日航彻底认识"掌握每个航班收支情况的重要性"。通过落实推广"彻底管理每个航班收支情况"的做法，逐渐确保了日航的企业收益。

第4章 不拘泥于常识的会计原则

经营企业，好比驾驶飞机

能够飞往目的地

没有问题！
机长懂得如何看仪表

② 会计学知识

仪表能实时显示当前飞机的状态。

① 月度报表数字

若不掌握实时情况，就会偏离航向。

111

2 基于"现金本位的经营原则",把握钱的走向

■ 理解会计七原则,即可掌握企业的实际情况

稻盛当年从一个门外汉开始,逐步学习如何经营企业。其间,他认识到了"会计是现代化经营的中枢",并悟到"要想让企业发展,就必须准确把握销售、生产、费用、时间等方面的数字"。

京瓷也好,KDDI 也罢,它们之所以能保持稳健的经营,缘于对月度损益计算书和资产负债表等事无巨细的检查和审视,以及基于相关数字的企业经营。

京瓷拥有自己的"会计七原则"(即京瓷会计学),其旨在准确掌握企业的实际情况及正确方向。

"京瓷会计学"的判断基准依然是"作为人,何谓正确?"。换言之,哪怕涉及会计方面的问题,也要时刻追寻本质、回顾初心,从而做出正确判断。

关键词:京瓷会计学

当年创立京瓷时,稻盛"对会计一窍不通",经过冥思苦想,他最终确立了"追求作为人的正念正行"的自创经营哲学,并由此延伸,总结出了"会计七原则"。

【京瓷会计学的七项基本原则】

①现金流的经营原则

②一一对应的原则

③筋肉坚实的经营原则

④完美主义的原则

⑤双重确认的原则

⑥提高核算效益的原则

⑦玻璃般透明经营的原则

■ 着眼钱的走向，做出经营判断

所谓"现金流的经营原则"，即聚焦"钱的走向"。

企业的收支计算原本简单明了——制造产品，卖给客户和顾客，获取销售所得的货款，然后减去其中产生的所有费用支出，剩下的钱便是"利润"。

换言之，利润＝销售所得的货款（销售额）－产生的费用（支出）。

可如果基于"发生主义"（参照115页图解）的会计处理方式，"实际收款或支付的时间"与"将相应收益或

关键词：发生主义

一种会计处理的方式——当"交易"的事实发生时，就视为"产生了收益或费用"，从而计算入账。

费用计算入账的时间"往往会产生差异。

于是，由于"决算书的数字"与实际的"钱的走向"失去了直接联系，从而导致企业经营的实际情况变得难以掌握。

鉴于此，稻盛通过"回归会计原点"的方式，着眼于"现金流"，做出经营判断。

利润不只是现金，诸如赊销款、库存和设备等，皆为企业利润的不同存在形态。所以说，经营者有必要正确把握"企业赚来的钱在何处？以何种形态存在？"。

■ 是否"账目漂亮却缺钱"？

稻盛经常引用"账目漂亮却缺钱"的说法，来强调"现金流的经营原则"的重要性。

有的企业"虽在产出利润，却苦于资金周转"。究其原因，便是在经营时只遵循"利润本位原则"，而未基于"现金流的经营原则"。

换言之，"即便手头现金拮据，只要报表上利润在增加就行了"的思想，便是导致企业现金不足的症结所在。

第 4 章　不拘泥于常识的会计原则

"发生主义"难以把握现金流

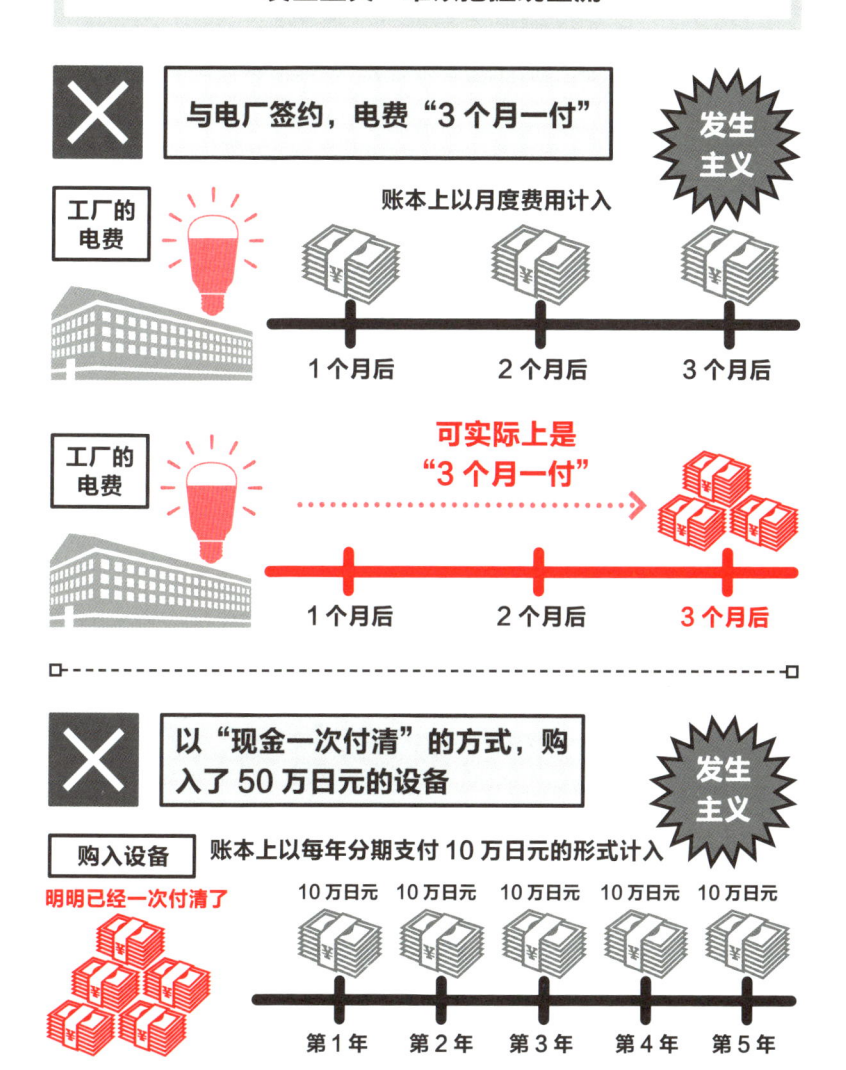

❌ 与电厂签约，电费"3 个月一付"　**发生主义**

工厂的电费　账本上以月度费用计入

1 个月后　　2 个月后　　3 个月后

工厂的电费

可实际上是"3 个月一付"

1 个月后　　2 个月后　　**3 个月后**

❌ 以"现金一次付清"的方式，购入了 50 万日元的设备　**发生主义**

购入设备　账本上以每年分期支付 10 万日元的形式计入

明明已经一次付清了

10 万日元　10 万日元　10 万日元　10 万日元　10 万日元

第 1 年　第 2 年　第 3 年　第 4 年　第 5 年

115

鉴于此，稻盛指出，经营者要积累企业的自有资金，并竭力避免以借债为前提的经营方式，即不单纯追求账面上的利润，而应时刻审视"公司赚来的钱去了哪里"。

第 4 章　不拘泥于常识的会计原则

若是账面有利润实际却无现金，则企业依然有可能破产倒闭

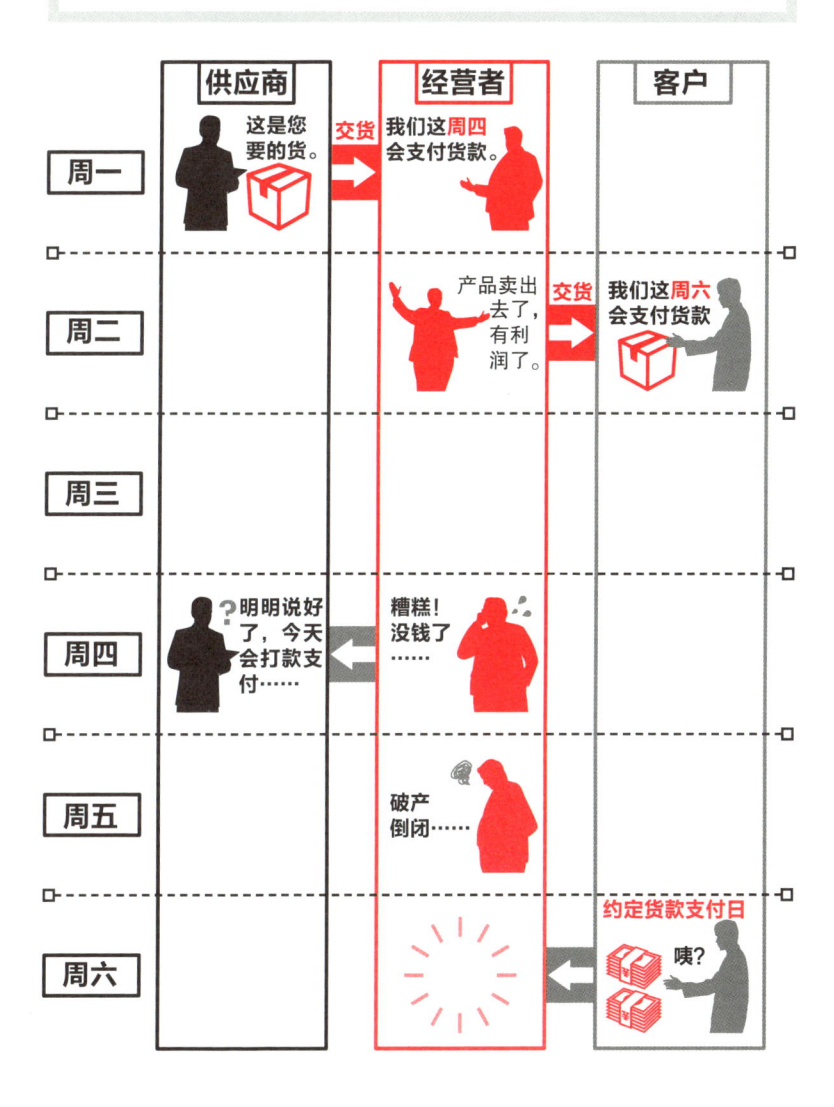

	供应商	经营者	客户
周一	这是您要的货。	**交货** → 我们这周四会支付货款。	
周二		产品卖出去了，有利润了。 **交货** →	我们这周六会支付货款
周三			
周四	明明说好了，今天会打款支付…… ←	糟糕！没钱了……	
周五		破产倒闭……	
周六		←	**约定货款支付日** 咦？

117

3
贯彻一一对应的原则，杜绝舞弊现象

■ 物品和现金流动时必须开票

所谓"一一对应的原则"，即物品和现金流动时必须开票，且票据必须随物品和现金一起流动。

稻盛不允许诸如"票据先到，货没到""货先到，票据没到"之类的情况发生。在他看来，一旦物品和现金的流动与票据在时间上脱节，就容易滋生舞弊的现象。

理由很简单——当本财报期销售额不达标时，倘若经营者允许"先凭空开具销售票据来填补销售额缺口，到了下个财报期再做退货处理来销账"，那么就等于在纵容票据作假。

打个比方，假设有一家企业临近3月的财报发布期，但预计的销售额和利润均未达标，于是其找到采购商，并请求道："我们公司的销售额不够，能帮忙弄出3亿日元的销售额吗？"

换言之，明明没有实际的商品交易行为，供应商却要求采购商开具收货票据，然后供应商再据此开具出货票据，从而制造出"产生了交易"的假象。待进入下个财报期（比如4月中旬左右），再要求采购商开具退货票据，把账销清，一切就好像什么都没发生过一样。

经过上述一番操作，公司便凭空产生了销售额。而由于该交易是虚拟的，没有相关的成本费用发生，因此"销售额"就百分百地成了所谓的"净利润"。这种操作显然可以被定性为"粉饰决算"。

而一旦经营者容忍这种数字造假的行为，企业内部的管理制度就会形同虚设，从而导致舞弊横行。而企业的道德准则也会即刻崩溃。

现金的入账和出账必须通过票据来审核

为了杜绝舞弊和失误，对于产生的所有交易活动，都需要"即时确认，透明管理"，既不允许"票动物不动"，也不容许"物动票不动"，而必须做到"票须随物一起流动"。这样才能提升企业的道德水准。

对于现金的入账和出账亦同理。一旦发生了现金的入账或出账，就必须同时开具相应的入账票据或出账票据。

即便只是暂时的现金支取,也必须开具"临时提款票据"。哪怕是经营者本人,亦不可不走手续地擅自提取公司款项。

总之,一一对应的原则的重要作用是规范企业及企业全体人员的行为,并实现"对内对外皆坦荡"的"玻璃般透明的经营"。

第4章　不拘泥于常识的会计原则

商品和票据实现一一对应

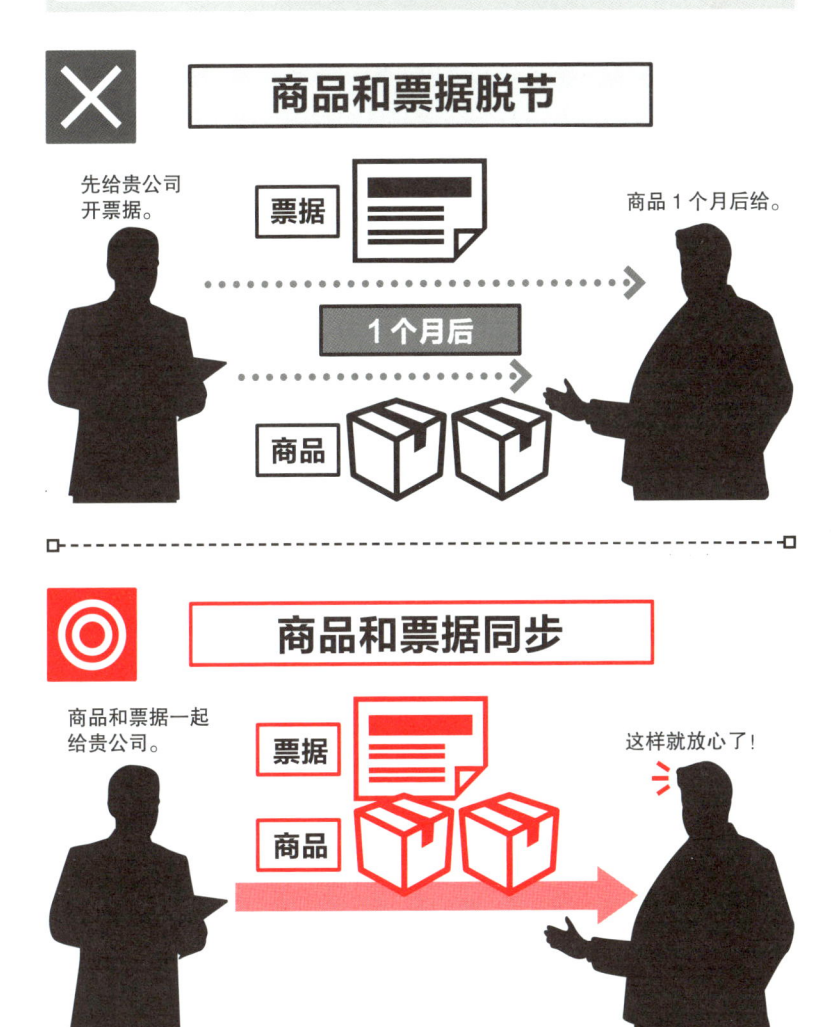

✗ 商品和票据脱节

先给贵公司开票据。

票据

1个月后

商品

商品1个月后给。

◎ 商品和票据同步

商品和票据一起给贵公司。

票据

商品

这样就放心了！

121

4
贯彻筋肉坚实的经营原则，减少不必要的负担

■ 杜绝"库存、人员、设备"方面的浪费

如果把企业比作人体，那么"没有赘肉，筋肉坚实"自然是理想体质。

鉴于此，稻盛提出了"贯彻筋肉坚实的经营原则"的理念，即"彻底剥离不创造利润的多余资产（比如无用的库存和设备等）"，从而实现企业资产的"瘦身"。为了实现该目标，企业就需要努力杜绝"库存、人员、设备"方面的浪费。

- 库存

严格管理长期库存。对于滞销库存，不可长时间地视其为"资产"。换言之，这种空虚利润毫无意义，因此对于滞销品，应予以及时处理。

此外，稻盛还提出"当场购入原则"，即"在需要的

关键词：当场购入原则

在采购物品和原材料时，基于当场（当下所需的品类和数量）的情况购入。该原则也被称为"一升原则"，即以买酒为喻，当需要买一升瓶的量时，就只买一升瓶装的，而不为了追求所谓"划算"而去买一大桶装的。因为买得太多会剩下，还会滋生铺张浪费的不良习惯。鉴于此，还不如按需购入、爱惜使用。

时候，按照需要的量，购入需要的物品和原材料"。这种按需购买的做法，能够抑制库存管理的费用支出（比如仓库租金和库存成本利息等）。

若连垃圾箱里有什么都能一一掌握，则称得上是货真价实的管理。

- 设备／人员

哪怕新设备性能再好，也不要贸然采购。

虽然购入新设备能够提高生产效率，但如果算一算"支出和成效"这笔账，就会发现采购新设备并不一定会提高整体的经营效率。鉴于此，经营者应该首先思考"如何用好既有设备"。即便真碰到了"非采购不可"的情况，也要尽量买二手的。

对人员亦是如此。"要增加销售额，就要添加人手，所以要新招人"——这种安逸的思维方式不可取。因为即便制订了销售额目标和预算计划，即便相应增加了人员，也未必能实现销售额目标。若是销售额未能提升，则结果只是徒增了用人成本。由此可见，"预算"里藏着"魔鬼"，对其应慎之又慎。

额头流汗赚来的钱才是真正的利润

稻盛对投机行为持怀疑态度。在他看来,"唯有靠自己额头流汗赚来的钱才是真正的利润",为了这样的实业可以投入资金,但绝不通过投机行为牟利。换言之,他从来没有"企业炒房"之类的想法。

而当年日本经济泡沫破灭时,在一众企业的倒闭潮之中,京瓷之所以能维持稳健的经营状态,便是得益于其"坚决不投机"的原则。

稻盛认为,所谓"投机",即"通过牺牲他人的利益而得利"。这与他所提倡的"作为人,何谓正确?"的理念相冲突,因此对于"不付出汗水的投机做法",他认为是错误之举。

第4章 不拘泥于常识的会计原则

剥离多余资产，实现筋肉坚实的经营

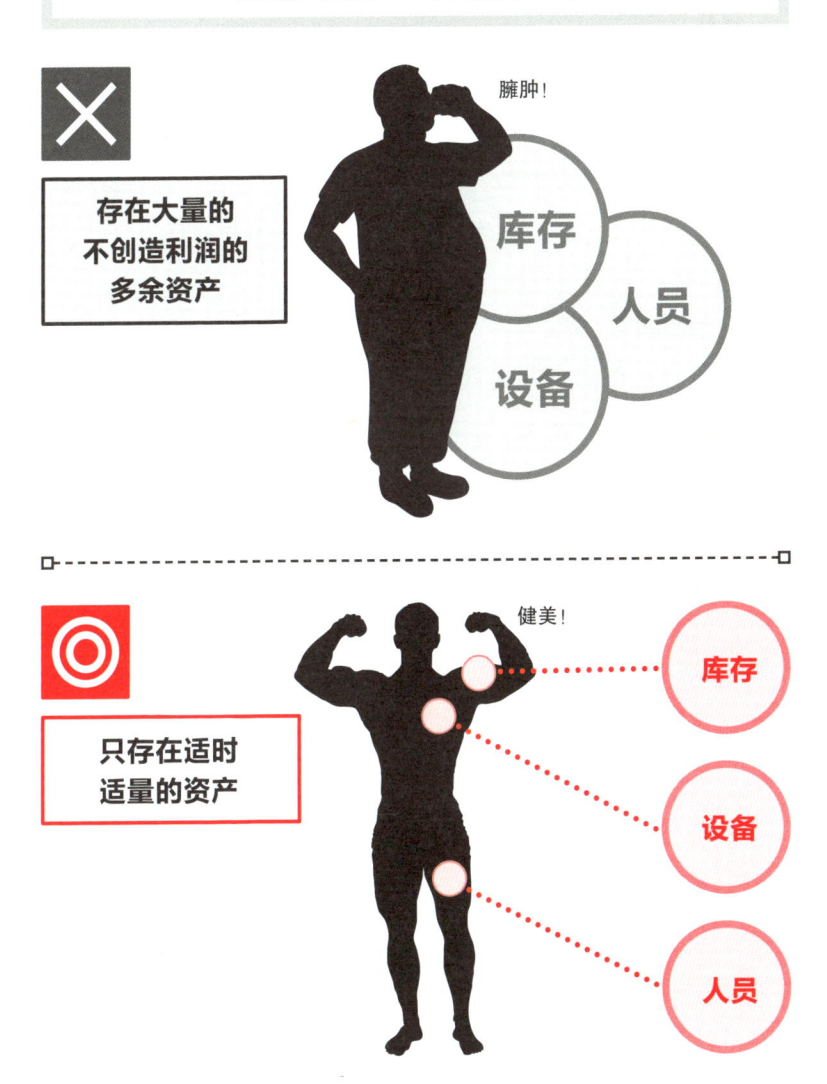

❌ 存在大量的不创造利润的多余资产

臃肿！

库存　人员　设备

⭕ 只存在适时适量的资产

健美！

库存

设备

人员

125

5
贯彻完美主义的原则，取得 100% 的成果

■ 哪怕仅仅 1% 的失误，也会导致全盘皆输

稻盛追求**完美主义**，对自己和他人皆十分严格，并坚信"所有工作都应做到完美"。

身为企业经营者，必须对员工、员工家属、股东、顾客乃至合作企业负责，可谓责任重大。经营者的判断会左右企业的命运，因此其必须在工作中追求完美。

稻盛当年是技术人员出身，专业是化学领域。在化学的世界，哪怕 99% 做到位，只要有 1% 的失败，一切照样会化为泡影。换言之，连丝毫差错也不允许。

再说回企业的财务工作，一些财务人员对错误不甚在意，认为"差错可以用橡皮擦去"。对此，稻盛经常训斥道："在处理事务性工作时，绝不可如此轻率！"道理很简单——财务等方面的数字计入和统计是经营的基础，若相关数字出错，便会导致经营者判断失误。

> **关键词：完美主义**
>
> 所谓"完美主义"，即不容模棱两可或妥协凑合，对各项工作或作业的各个细节都力求完美、精益求精的态度。

第4章　不拘泥于常识的会计原则

■ 若不做到100%，则毫无意义

在京瓷，不容许员工有诸如"没做到100%，但做到99%也不错了"之类的想法。换言之，哪怕达成了99%，只要最后的1%没到位，目标就不算达成。

道理很简单——一旦容许了99%，那么以后也会容许90%甚至80%，由此一步步松懈，进而丧失竞争力。

当然，要贯彻完美主义实属不易。但唯有具备"要出100%的成果""要完美完成工作"之类的坚强意志，才能减少出错的概率。换言之，即便以100%为目标，也可能会出错，但切不可因此就在思想层面早早甘心于99%。基于"有意注意"的完美主义，是不可撼动的原则。

纵观当今社会，有的人抱有"速度重于质量"的想法，认为"只要速度够快，完成个80%就行了"。但稻盛却对此持不同观点，在他看来，80%的工作完成度根本称不上是完成。他曾强调："在工作方面，我是个完美主义者。在日常工作中，以完美主义要求自己的确十分辛苦。可一旦习惯了，就能做到不以为苦。身为企业经营者，必须坚持追求完美，并让这样的完美主义成为自己的日常习惯。"

反之,若是纵容小错误和小失误,或是在工作中大大咧咧、粗枝大叶,认为"差不多就行了",则绝对无法创造出足以打动人的工作成果。

第4章 不拘泥于常识的会计原则

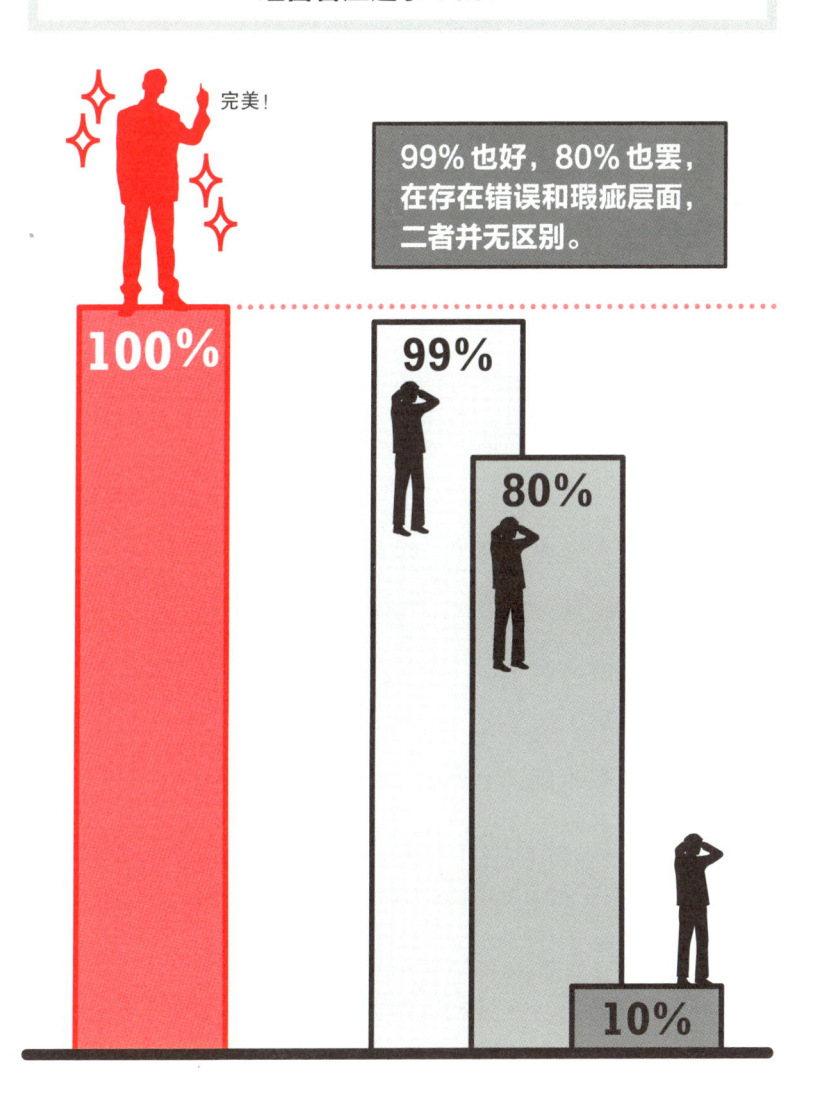

经营者应追求100%

完美！

99%也好，80%也罢，在存在错误和瑕疵层面，二者并无区别。

100%　99%　80%　10%

6 贯彻双重确认的原则，杜绝错误

■ 通过多人检查来预防出错

人心有脆弱的一面，偶尔一念之差，便会犯下错误。

即便是平时认真仔细的人，偶尔也会大意，或是如鬼迷心窍一般，犯下愚蠢的错误。

鉴于此，企业若是确立了能够"防患于未然"的机制，则即便一个人鬼迷心窍了，也不至于背负责任和罪过。

为此，企业就需要时刻采取"多人检查"的方式，杜绝错误或舞弊的发生。这种"不让员工有机会犯错"的机制，亦是对员工的关爱。

可见，双重确认的原则不仅能够发现错误，同时亦可谓"打造关爱员工的职场环境"的相关手段之一。

【基于双重确认的原则的具体管理手段】

• 出入账

经手钱的人与开具相应票据的人分开。

第4章 不拘泥于常识的会计原则

- **现金的处理**

在工作时间内以适当的频率进行，除了负责经手现金的人之外，再安排其他人检查核对现金余额和相关票据。

- **公章的管理和使用**

公章保管箱采用两层结构，外层和内层的钥匙管理员并非同一人。

- **保险柜的管理**

以防火型保险柜为例，若保险柜是兼有门锁和转盘密码锁的结构，则门锁钥匙和转盘密码由不同的人负责保管，在开保险柜时，二人应各自分别解锁自己所负责的部分。待柜门打开后，应要求多人（两人或以上）彼此监督，一起取出或放入现金和贵重物品。

- **采购手续**

某个部门需要大量采购物品的话，必须开具采购委托单，并交由采购部，由采购部负责向供应商采购。换言之，不可让需要物品的部门直接与供应商联系。

- **对赊购、赊销款的管理**

对于赊销款的管理，其责任细分至不同部门——追讨赊销款的责任归销售部，但收款入账则由各营业所管理人和总部财务经手。

对于赊购款的管理,其责任亦细分至不同部门——赊购款账目的管理责任归采购部,但打款支付则由总部财务负责。

- **废品废料的处理**

在处理工厂产生的废品废料时,不可从头到尾全权交由一家回收公司处理。

- **自动售货机、公用电话的现金回收**

在回收公用电话或自动售货机的现金时,不可全权交由一名总务负责人经手。哪怕是 10 日元硬币,也要遵循双重确认的原则。

第4章 不拘泥于常识的会计原则

时刻采取多人检查的方式

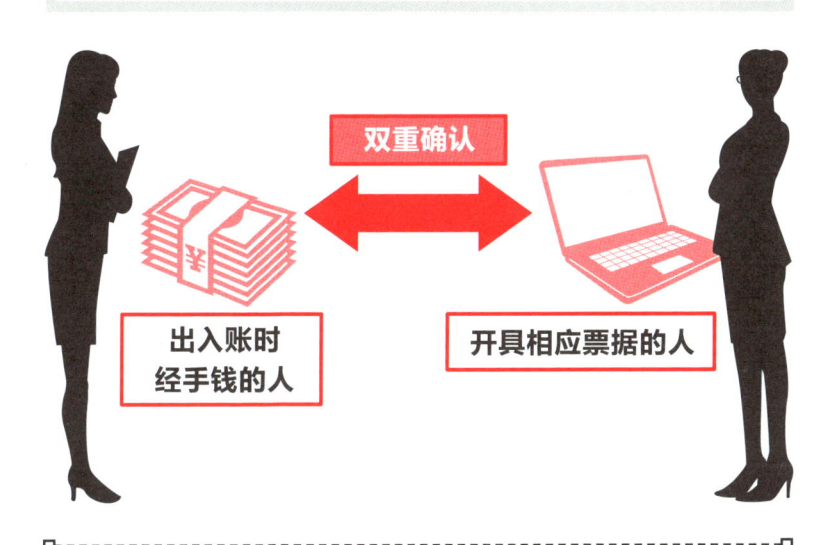

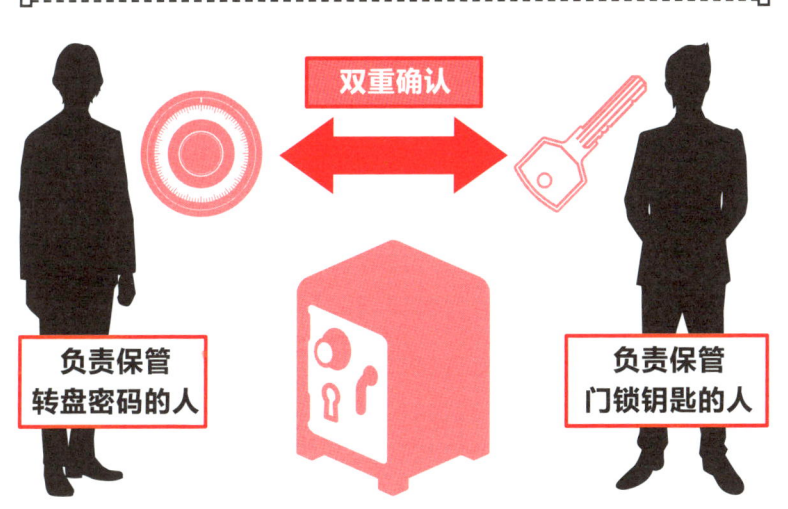

双重确认

出入账时经手钱的人 ↔ 开具相应票据的人

双重确认

负责保管转盘密码的人 ↔ 负责保管门锁钥匙的人

7
贯彻提高核算效益的原则，提高附加价值

■ 提高核算效益是企业的使命

对企业会计而言，提高自己公司的核算效益，可谓最为重要的使命。

要想让企业长足发展、基业长青，就需要提高核算效益，打造健康且坚实的"财务体质"。

【提高核算效益的益处】

- 提升员工的生活（物质和精神两方面）品质
- 增加企业的现金结余，提升自有资本率
- 自有资本率一旦提升，企业便有投资新领域的实力
- 推动股价上升，实现高额分红，从而回报股东

人类所创造的"附加价值"能够推动社会经济的发展和繁荣。

鉴于此，企业必须以尽量少的资源，创造出尽量高的

关键词：附加价值

所谓附加价值，即销售额减去费用支出所得的利润。在不直接产生销售额的部门，亦可将其理解为"生产总值－各项费用合计（除劳务费之外）的结果"。

附加价值。

换言之，企业关键要彻底追求"销售最大化和费用最小化"。

也就是说，通过节约节俭，尽量少消耗资源。在产出产品和提供服务的过程中，杜绝相应费用支出的浪费。包括原料、耗材、机械设备、电力、物流成本等，都要做到能省则省。

不少人认为"要提高销售额，则势必要增加相应的费用支出"，但稻盛对此持不同观点。在他看来，企业经营的原则应该是通过各方面的钻研和创意，努力压缩费用支出，从而实现销售最大化、费用最小化。

各部门的核算考核基于单位时间

为了提高核算效益，稻盛提出并实施"单位时间效益核算制度"（京瓷、KDDI、日航都采用该制度）。

这是一种基于业务开展的需求，把组织划分为若干小集体，并计算其"单位时间效益核算值"的机制（本书第150页会予以详述）。

简单地说就是，销售额减去费用支出（利润，也即"附加价值"）除以总劳动时间（以小时为单位），便得出了平均每小时的核算值（单位时间附加价值）。

单位时间效益核算值＝（销售额－费用支出）÷总劳动时间

"单位时间效益核算表"每月由管理部门制订，该表在内容方面下了很大功夫，力求让基层作业人员也能简单理解。如此一来，每名员工就都能对自身所属部门的核算数字做到心中有数，从而为了达成相应目标而不断彼此交流、努力奋斗。

第4章 不拘泥于常识的会计原则

单位时间效益核算值＝
（销售额－费用支出）÷总劳动时间

销售额

减去费用支出

销售利润
（销售额－费用支出）

除以总劳动时间

单位时间附加价值

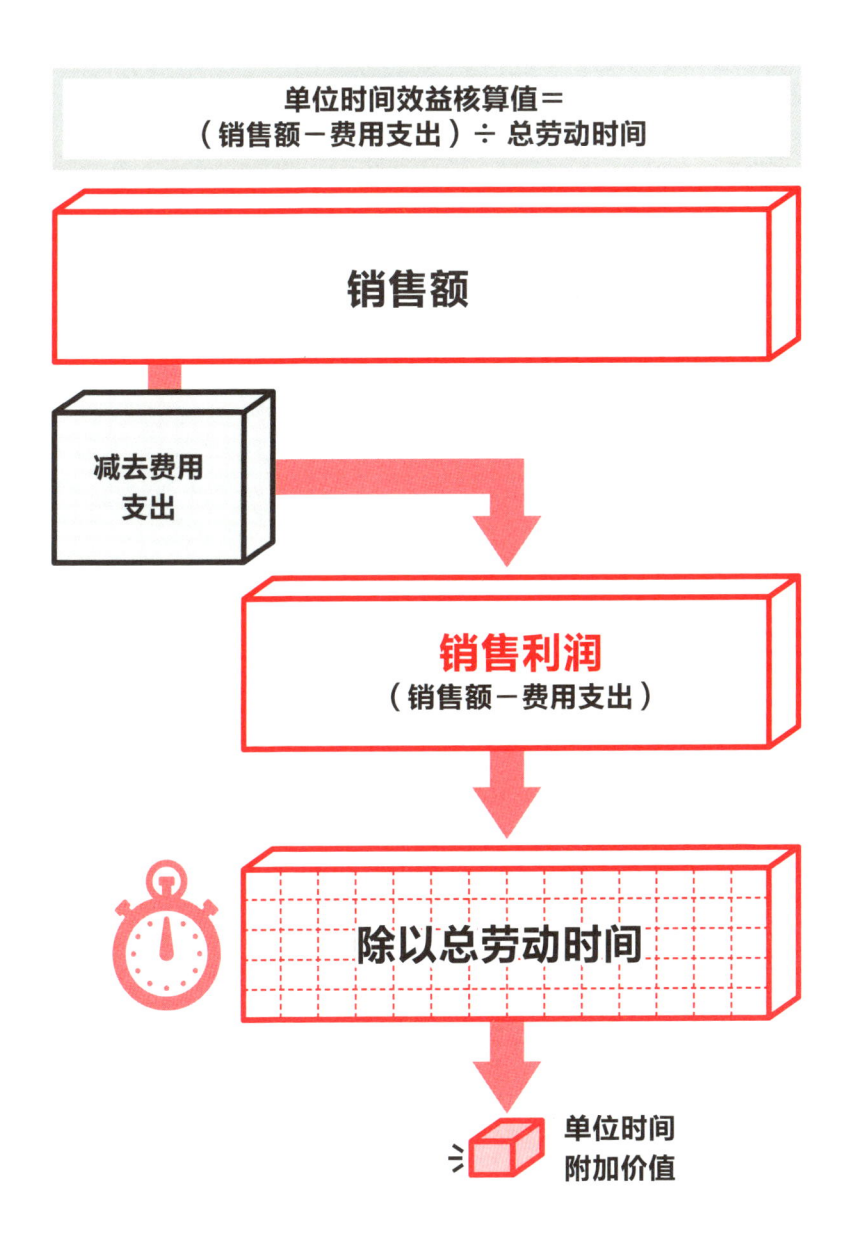

8
贯彻"玻璃般透明的经营原则",彻底彰显公平公正

■ 会计结果须"准确公示"

若想让经营者与员工之间建立信赖关系,对于企业当下的情况等信息,经营者要对全体员工予以公示,而不能藏着掖着。

一旦清楚掌握了企业的实际情况,员工就容易萌生"参与经营"的主人翁意识。可见,若想促进乃至实现"全员参与经营",关键要推行玻璃般透明的经营模式——上到管理干部,下至普通员工,都要对企业情况了如指掌。

此外,对上市企业而言,为了博得广大投资者的信赖,亦必须准确公示企业的会计结果。

稻盛一直努力遵循"玻璃般透明的经营原则",他相关的理念如下:

• 光明正大的财务机制

作为经手钱财、处理会计事务的财务部门,首先自身

要做到清廉坦荡、光明正大。这一点最为重要。

话虽如此，仅仅财务部门处事光明正大还不够，是否能实现玻璃般透明的经营模式，还取决于企业高层和经营者的态度和经营哲学。

- **企业内部须交流沟通**

要想推行玻璃般透明的经营模式，经营者还需向员工阐明"企业高层的想法和目标"。为此，企业需要构建能够将企业高层的想法和理念与广大员工共享的机制。

在京瓷，以月初晨会、经营方针发表会、国际经营会议等为载体，向全体员工阐明京瓷集团的整体情况。

- **信息完整公示**

身为企业经营者，要尽量完整地公示企业信息。

所谓"公示"，即如实传达事实。所谓"完整"，就是不能"报喜不报忧"。哪怕企业出现了负面情况，经营者若能鼓起勇气，向外界诚实公开和说明，反而能提升企业的信誉。

- **具备道德观念**

哪怕再周全的企业管理体系，企业也无法百分百铁定杜绝舞弊的现象。

关键词：公示（disclosure）

企业对股东、债权者等投资关系人或客户公开自身经营业绩、财务状况、业务情况等信息的行为。

为此,企业关键在于要有自觉的"道德"观念。倘若企业对微小程度的舞弊采取"睁一只眼闭一只眼"的态度,则恐有动摇企业基业之虞。

鉴于此,经营者也好,广大员工也好,都必须严于自律,营造遵循和尊重"公正严明"的企业文化。

● **贯彻一一对应的原则**

稻盛认为,若能在企业管理中贯彻"一一对应的原则",便能杜绝舞弊行为。

这就是前面阐述过的"一一对应的原则",其基于人类认知的原理——"一种现象与人的认知,这二者应该是一一对应,其中不应存在模棱两可的空间"。

第 4 章　不拘泥于常识的会计原则

公示信息，公正经营

◎ **向员工和股东公示信息**

请随便看。

✕ **不对任何人公开信息**

(这家企业)究竟是怎么个情况？

秘密

小专栏4
有这样的苦难，证明你还活着

稻盛当年刚刚为了进军电信业而成立第二电电公司后不久，便发生了一起事件，使他被逼至绝境。对此，他后来曾坦言："（自己当时）甚至有过自杀的念头。"

这起事件可以称为"京瓷人造关节事件"。当时，京瓷在没有取得日本厚生劳动省的制造许可的情况下，便开始生产销售工业陶瓷材料的人造关节。此事一时甚嚣尘上。

于是稻盛秉着诚意应对批评并着手解决了该问题，事态因此得以平息。但社会舆论对他和京瓷的诽谤中伤却持续不断，这让他承受了旁人难以想象的压力和痛苦。

当时，苦闷的稻盛找到自己的皈依师父——圆福寺西片大师谈心。听了稻盛的诉苦后，西片大师面带微笑，对他做了如下点拨：

"有这样的苦难，证明你还活着。人遇祸受难，等于是在消除过去的业障。这点儿苦难就能让你的业障消除，该可喜可贺啊！"

西片大师的上述箴言讲的是佛教中的"因果法则"。

凡事有因必有果。经营者和企业有难，其原因往往是"经营者自身的骄傲大意"以及"企业文化趋于自满"。鉴于此，稻盛当时下定决心"必须进一步提高心性"。

基于上述经历，稻盛后来在指导盛和塾的塾生时，除了讲解六项精进外，还对塾生们道出了以下心得：

"苦闷时需要什么？答案简单明了——睡觉休息，且在入眠前只想好的事情。"

第 5 章
通过阿米巴经营实现全员参与经营

1
支撑高收益的经营手法——阿米巴经营

■ 通过阿米巴经营，培养员工的经营者意识

在创立之初仅有 28 名员工的京瓷，一步一个脚印地提升业绩，在短短不到 5 年的时间里，员工便增至 100 多人。之后其企业规模进一步扩大，员工也进而增至两三百人。

到了这样的体量，若是延续中小企业常用的"收支笼统账"的管理方式，则管理难以到位，因此稻盛当时如下思考：

"京瓷目前渐渐培养出了一批能够胜任领导 20 到 30 人的小集体的管理型人才，如果把企业组织细分为多个这样的小集体，让这些管理型人才分别管理运作，效果会如何呢？

"一旦把组织细分为小集体，不妨让各个小集体采取独立核算方式。这就好比一家家城区小作坊，它们独立核

算，自主管理运营。"

基于上述理念，稻盛最终独创了"阿米巴经营"。即把企业组织划分为被称作"阿米巴"的小集体，各个阿米巴领导（负责人）全权负责自身所属小集体（阿米巴）的经营事务。企业内的各个阿米巴可以彼此进行买卖交易。换言之，一个阿米巴的行为和活动如同一家中小微企业。

所谓"阿米巴经营"，就是基于小型组织的部门独立核算制度。其着眼于每名员工参与经营，并以"单位时间效益核算制度"为标尺，促进各阿米巴的自立自主经营。由于这样的小型组织犹如顺应环境改变自身形态的"自我增殖的阿米巴（变形虫）"，故而得名"阿米巴经营"。要实现阿米巴经营，关键要搞好组织体制与管理会计体系之间的联动。

阿米巴经营的三大目的

稻盛指出，推行阿米巴经营的目的有三个。

①确立与市场挂钩的部门独立核算制度

为了实现"销售最大化、费用最小化"，把组织划分成小单元（小集体），并采取能够即刻应对市场变化的部

> **小知识**
>
> 在新业务和新领域方面，企业要慎用阿米巴经营。由于新业务和新领域在初期往往需要大量投资（即俗称的"砸钱阶段"。——编者注），且一时难以赢利，因此还很难实现前述的"销售最大化"。

门独立核算管理方式。

各小单元之间的交易行为被称为"**公司内部买卖**"。比如，当原材料部门把原材料交付给成型部门时，对原材料部门而言是"内部卖出"，而对成型部门而言则是"内部买入"。即便是这种企业内各部门之间的物料物品的授受，也要明确收支——这便是阿米巴经营的特征之一。

②培养具有经营者意识的人才

把企业视为一个中小企业的联合体。把各单元的经营权下放给阿米巴领导，从而培养具备经营者意识的人才。

每个阿米巴的领导都全权负责经营计划、业绩管理、劳动人事管理、资材购买等基本运营实务，以此培养他们"作为共同经营者"的主人翁意识。这种"放权基层，让经营始于基层"的做法，是阿米巴经营的重要本质。

③实现全员参与经营

为了守护自己所属的阿米巴，负责经营实务的阿米巴领导会制订目标，并拼命努力。

为了达成这种组织的目标，需要激发阿米巴内的全员的积极性。由于各阿米巴的核算业绩会以月度的频率发表，因此能让全员的努力结果迅速呈现。

关键词：公司内部买卖

在阿米巴经营中，与企业外部的市场交易一样，企业内部也开展"公司内部买卖"，以此明确各部门之间的"钱物流动"。

第 5 章　通过阿米巴经营实现全员参与经营

把企业组织细分为一个个小集体

让 8 名管理型人才分别负责管理运营

经营者

企业组织被划分为采取独立核算制度的一个个**小集体**

阿米巴领导（负责人）

企业内的部门（小集体阿米巴）

各小集体之间实行"公司内部买卖"

147

于是，全员就会思考"如何才能提升既有核算业绩"，从而实现"全体员工为了企业发展而团结一心、参与经营"的理想形态。

第5章 通过阿米巴经营实现全员参与经营

以小集体为单位，旨在实现全员参与经营

阿米巴领导

阿米巴

三大目的

① 确立与市场挂钩的部门独立核算制度
② 培养具有经营者意识的人才
③ 实现全员参与经营

2 "单位时间效益核算"——计算每小时所产出的附加价值

■ 即便无专业知识，亦能把握收支流向

在阿米巴经营中，各阿米巴领导必须会计算收支，但并非所有阿米巴领导都具备专业的会计知识。

鉴于此，稻盛发明了一种"即便无专业知识，亦能把握收支流向"的机制，这便是"单位时间效益核算"。它是一种计算一个阿米巴每个小时所产出的附加价值的计算方法。简单来说，即把"销售额－费用支出＝附加价值"÷"总劳动时间（以小时为单位）"所得的计算结果作为经营阿米巴的指标，该指标被称为"单位时间效益核算值"。

■ 通过对比目标和实绩，即刻判断经营状况

在阿米巴经营中，衡量业务成果的标尺是"附加价值"。

第 5 章　通过阿米巴经营实现全员参与经营

【单位时间效益核算表的算式】

- 销售额－费用支出（包括材料费、机械设备的折旧费用等，但不把劳务费算入其中）＝附加价值
- 附加价值 ÷ 总劳动时间＝单位时间附加价值

再通过对比单位时间效益核算表中的"目标"和"实绩"，便能及时把握事先制定的"销售额目标""生产目标""预计费用支出"等目标和预计的进展情况。

■ 不可只追求自身所属部门的利益

以一种产品为例，在其生产过程中，当从前一个工序移至下一个工序时，相应的部门之间就会发生交接。而在阿米巴经营中，这种交接就会伴随着按照设定价格所开展的"内部买卖"。此时，对于经手前一工序的部门而言，为了让自己部门实现"销售最大化"，自然希望以高价卖出。

与之相对，对经手后一工序的部门而言，为了让自己部门实现"费用最小化"，自然希望以低价买入。

打个比方，也许前者希望"以每件 10 日元的价格卖出"，而后者希望"以每件 8 日元的价格买入"。

如此一来，二者之间自然需要进行价格协商。为此，有时上层领导会召集相关负责人，一起商讨出一个公平合

适的价格。

可见，若是只顾自身所属部门的利益，就会恶化与其他部门之间的关系，因此阿米巴的部门需要基于"企业整体利益"来思考问题。

为此，阿米巴的负责人就必须理解和实践京瓷哲学，以"利他之精神"来开展工作和业务。所以说，阿米巴经营可谓是与企业哲学相联动的企业整体的经营体系。也正因为如此，阿米巴是京瓷哲学的实践形态。

通过"单位时间效益核算",管理部门收益

项目			
总出货额	A	6.5 亿日元	B+C
公司外部出货额	B	4 亿日元	
公司内部卖出额	C	2.5 亿日元	
公司内部买入额	D	2.2 亿日元	
总生产值	E	4.3 亿日元	A−D
扣除金额	F	2.4 亿日元	
利润	G	1.9 亿日元	E−F
总时间	H	0.00035 亿小时	
当月单位时间核算值	I	5428.5 日元	G÷H
单位时间生产值	J	12285 日元	

4 亿日元（公司外部出货额）+2.5 亿日元（公司内部卖出额）
　　　　= 6.5 亿日元（总出货额）
6.5 亿日元（总出货额）− 2.2 亿日元（公司内部买入额）
　　　　= 4.3 亿日元（总生产值）
4.3 亿日元（总生产值）− 2.4 亿日元（扣除金额）
　　　　= 1.9 亿日元（利润）

1.9 亿日元（利润）÷0.00035 亿小时（总时间）
　　　　≈ 5428.6 日元（当月单位时间效益核算值）

3 细分组织的三大条件

■ 组织并非"分得越细越好"

建立组织时,应该满足最低限度的必要职能,并建立精简高效的组织。那么,具体应该如何对企业进行组织细分呢?对此,稻盛曾强调:"如何细分组织,事关阿米巴经营的成败。"他还提出了细分组织的三大条件。

①**存在明确的收支,并可算出与此对应的费用**

在采用独立核算制度时,阿米巴必须拥有能作为独立组织而存在的明确的"收入"和"费用"。

②**可独立运营一项业务**

阿米巴必须以"独立运营业务"为前提,且至少要拥有与之匹配的职能。以京瓷的生产制造部门为例,其最早细分出去的是原材料部门。

当着眼于精制陶瓷的生产制造部门时,原材料部门(拥有配制原材料的职能)属于第一道工序。且当时在市面上存在专门把调配好的原材料卖给工业制陶企业的业者，因此原材料部门就好比是京瓷内部的相应业者——其购入原材料并加以调配，然后交付给负责下一道工序的部门（成型部门）。

③可履行公司整体的目的及方针

作为最小组织单位的阿米巴，其即便可独立运营一项业务，可若是其存在有悖于公司整体的目的及方针，那就不可以让其独立。

总之，各阿米巴都必须拥有构成企业整体的一部分职能，并同时能够开展符合"自主独立核算"要求的相关活动。

说是细分，但也并非"分得越细越好"。若是分得过细，则阿米巴变得多而杂，反而会导致效率低下。

基于工序、品类、车间，细分生产制造部门

在细分化方面，京瓷当年最先着手的是生产制造部门。其按照不同工序建立阿米巴，然后让各阿米巴领导全权负责运营。

后来，随着京瓷生产的产品品类增多，其又按照不同品类建立阿米巴。再后来，企业越做越大，新的工厂和车间相继建成，于是其又顺应需求，按照不同车间建立阿米巴。就这样，京瓷基于工序、品类、车间细分生产制造部

门，不断增加阿米巴。

而市场销售部门亦同理——京瓷基于地区、品类、客户，建立了阿米巴。

> **小知识**
>
> 阿米巴经营原本是京瓷"秘不外传"的经营手法，但后来随着京瓷开展对外企业管理咨询业务，该方针得以转换。作为负责该业务的专业分公司，京瓷 Communication System（简称"KCCS"）于1995年成立。而这块业务在2006年又被进一步细分出来，相应成立的独立公司是 KCCS Management Consulting 株式会社（简称"KCMC"）。

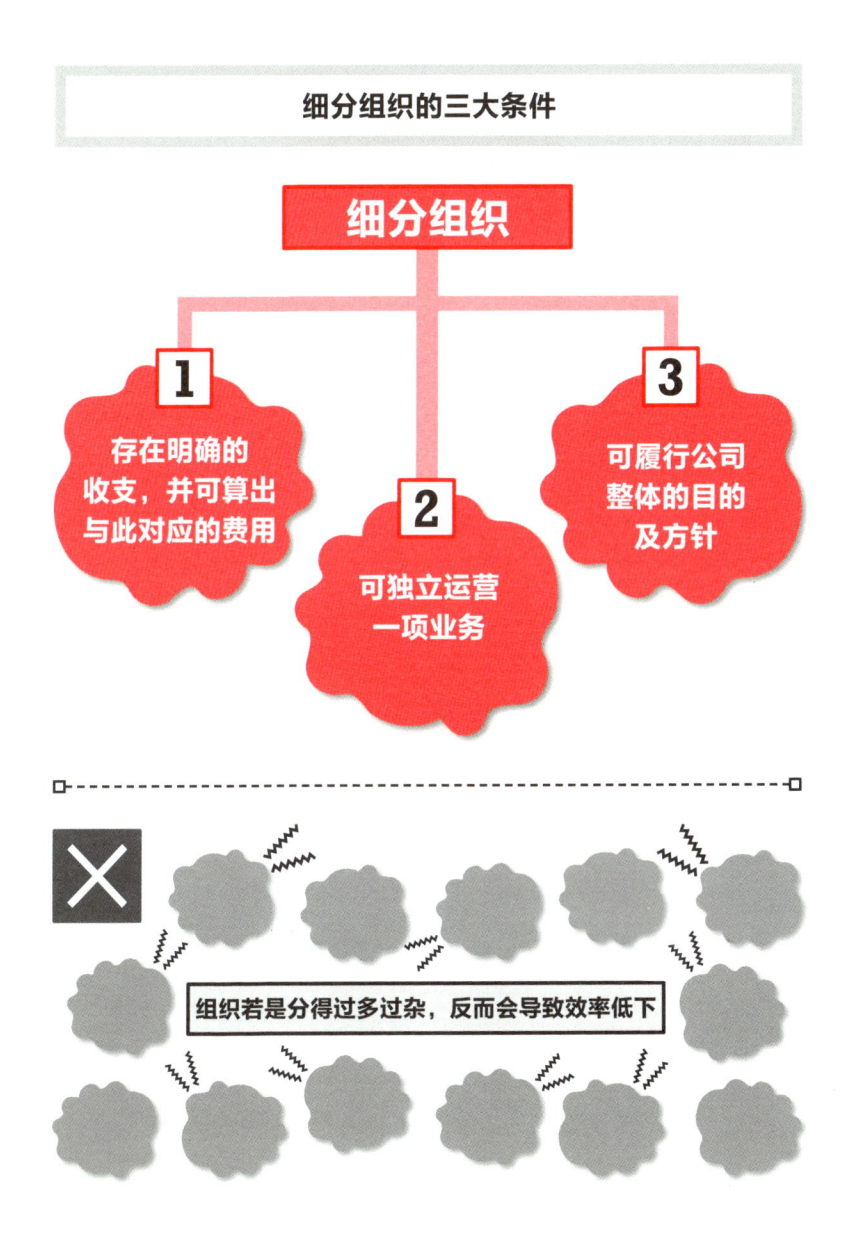

第5章 通过阿米巴经营实现全员参与经营

细分组织的三大条件

细分组织

1. 存在明确的收支，并可算出与此对应的费用
2. 可独立运营一项业务
3. 可履行公司整体的目的及方针

✗ 组织若是分得过多过杂，反而会导致效率低下

4 积极起用年轻员工，培养其成为领导型人才

> 对于有前途的员工，即便经验不足，也要让其担任领导

在细分组织时，还必须选出相应的领导。若是一时实在找不到合适的人才，亦可让上一级的分管领导或是其他阿米巴的领导兼任。

但要注意的是，阿米巴经营的目的之一是"培养具备经营者意识的人才"。鉴于此，即便当下能力或经验不足，但只要是拥有热情并愿意持续努力的员工，亦可起用为阿米巴领导。这等于是在培养有前途的领导型人才。

再退一步，哪怕此举失败，由于其负责管理的只是一个细分的小集体（阿米巴），因此不会对企业整体造成重大损失。

虽能力或经验不足，但可激发和培养负责人"身为经营者的主人翁意识"——这亦可谓阿米巴经营的优势所在。

前面也提过，阿米巴领导犹如中小微企业的老总，需自行制订经营目标，并付诸实施。同时，阿米巴领导要明确"想打造怎样的组织"，然后朝着此目标蓝图发力奋进。

此外，为了达成既定目标，阿米巴领导必须向阿米巴成员传达具体的目标内容，做到广而告之、彻底到位。

至于怎样才算是"彻底到位"，稻盛曾指出，不管问哪个阿米巴成员"本月的订单量、产量、销售额、单位时间效益核算等目标值是多少"，他们个个都能脱口而出——这才算是"目标彻底传达到位"。

领导必须做到言而有信

在培养阿米巴领导方面，稻盛常运用的手段之一是会议。

在这种经营会议上，各阿米巴领导须基于单位时间效益核算表，发表各种目标数值。此时，在场的稻盛会予以严格指导。

例如，曾有个阿米巴领导在会上发言道："关于该产品，我们以××日为截止期，正在努力朝着该目标推进生产中，预计于××日交货。"稻盛对此质问道："你为什么不敢断言'××日之前定能完成'？"

"正在努力朝着该目标推进"——这种措辞背后的深层心理,是给自己找退路。如此消极的态度,自然无法做到"死守交货期"。

领导的发言,对其分管的组织内的成员影响巨大。正因为如此,领导必须做到言而有信,对自己的发言做到绝对负责。

而即便在推进目标时遭遇各种问题,领导也要意志坚定,付出不亚于任何人的努力,极度认真地克服和战胜它们。

而在这种反复的历练之下,阿米巴的领导便能领会和掌握"经营者应有的思维方式"。

阿米巴领导的职责

阿米巴领导

充满热情、能够持续付出不亚于任何人的努力的人才

自主参与经营

职责

1. 负责阿米巴的运营实务,包括经营计划、业绩管理、劳动人事管理、资材购买等。
2. 明确"想打造怎样的组织",然后朝着此目标蓝图努力。
3. 与阿米巴成员共享"自己部门的目标"。
4. 激发阿米巴成员的工作积极性。

阿米巴成员

小专栏 5

十条企业生存的哲学理念,助力克服经济萧条

在经营企业的过程中,稻盛曾多次经历并多次应对经济萧条,由此拥有了自己的"企业生存哲学"。

无论经济是景气还是萧条,为了保持收益,经营者都需要不断努力。

不要等到萧条来临后才开始慌忙应对(比如紧急裁员等),经营者要居安思危、未雨绸缪,在平日经营企业时就"为最坏的情况做好准备"。唯有如此,才能打造坚实稳定的企业。

【十条企业生存的哲学理念,助力克服经济萧条】
(此为笔者从稻盛的教诲之中归纳总结而得)

①萧条是开发新品的绝好机会;

②及时止损;

③战胜萧条,唯有依靠燃烧的斗魂;

④萧条正是检验企业团结力之时;

⑤应对萧条的根本精神是"永不放弃";

⑥战萧条,须拼命;

⑦直面问题,绝不逃避;

⑧绝不放弃希望,保持乐观开朗;

⑨萧条是反省的契机,应谦虚坦诚;

⑩心态是关键。越是遭遇萧条、灾难或困苦,越要感恩。

后 记

稻盛和夫——与时俱进的名人

我和稻盛和夫先生的缘分，源于他1984年成立第二电电企划株式会社（简称DDI，即如今的KDDI）之时。从那时起，我开始正式关注他（应该说"强烈关注"更为贴切）。那时的我在时任NTT成立委员会委员长的今里广记先生（曾任日本精工会长，被誉为"经济界的官房长官"，如今已逝世）身边工作。

得益于这层关系，我当时和参与日本电信电话公社（电电公社）民营化的人士以及"第二电电"公司的相关人物皆有谋面。在这场日本电信业民营化以及市场开放化的运动中，有多位如雷贯耳的日本经济界名人参与其中，包括已故的土光敏夫临调会长（原经团联会长）、被誉为"经济界活跃先锋"的日本兴业银行（如今的瑞穗银行）前会长中山素平、日本电信电话公社原总裁（后来的NTT的第一任老总）以及SONY原会长盛田昭夫等。

在这样的机缘之下，我对稻盛先生尤为感兴趣，于是到国会图书馆等处翻阅资料、拜读他的著作。那段"用心研究稻盛先生"的日子，我至今记忆犹新。

我本人打小喜欢阅读伟人传记和自传，包括历史人物在内，但凡是自己感兴趣的，都会进行一番彻底的学习研究。

至于我当时为何对稻盛先生产生了如此浓厚的兴趣，则是由于在当时"人人退缩"的情况下，他那了不起的挑战精神和勇气，着实令我感动。

当时，之前属于国营企业的日本电信电话公社实施民营化改革，更名为"NTT"，但其体量还在——拥有32万名员工，可谓是当时日本最大的寡头企业。再看DDI，只是一家来自京都的初创企业。说实话，我当时觉得DDI完全没有机会。

可结果呢？当众人还在茫然观望时，DDI已开始走向成功，这令我甚是惊讶。

"为什么？""稻盛先生是如何开展经营的？""稻盛先生是个怎样的人？""稻盛先生是如何发挥领导力的？"……这一个个疑问，愈发激起了我对稻盛先生的好奇心。

从该意义层面来说，直至今日，我已经研究了稻盛先生大约30年，可以算是"稻盛和夫研究家"了。

其间，我也加入了被称为"经营道场"的盛和塾，成

后记

为稻盛先生的膝下弟子,当了大约 20 年的塾生。

当时,对于盛和塾的内部杂志《盛和塾》,我要求自己每期都要精读 10 遍。加上参加稻盛塾长的例会,我犹如海绵吸水一般,通过各种途径,不断学习稻盛经营学和稻盛哲学。因为我明白,我想求的"道"就在其中。

值得感恩的是,后来我有幸长期担任盛和塾东京地区的联络总干事。当时(距今 20 多年前),稻盛先生的知名度还没到如今这种家喻户晓的程度,但我已然成了他的"铁杆粉丝"。为了让更多的人了解稻盛先生的卓越之处,我开始写作和出版相关图书。

如今,这种介绍稻盛先生的书,我已出版了 3 册。除此之外,我还持续在报纸和杂志等媒体上发表介绍他的文章。

当时的我,用现在的话来说等于是"追星族"。特别是在东京地区,我当时应该是稻盛先生的"头号铁粉"。

这种"对君子的憧憬和爱戴之情",至今我依然不变。

如今,我基于外部的客观立场,加之历史学的视点,试图从多角度来正确分析和研究稻盛先生。

在该过程中,我发现了许多原先在盛和塾内部难以察觉的稻盛先生的魅力。正是得益于这种"保持距离旁观"

的视角,我终于能够全面掌握稻盛先生的思想。

为了把我对稻盛先生这位企业家、思想家、哲学家、领导者的所见、所感、所学介绍给更多的人,我以"写一本全日本乃至全世界最简单易懂的稻盛思想入门书"为目标,执笔写就了此书。

当个"稻盛追星族",学习拓展经营,赢得人心!

我当年"追星",主要是乘坐新干线去其他地区的盛和塾听稻盛先生演讲。记得我第一次是跑去参加名古屋的盛和塾塾长例会。由于稻盛先生充满魅力且思想博大精深,我当时越是学习,就越想知道更多、了解更多。这样的求知欲不断增长。

具体哪年我记不太清楚了,应该是20世纪90年代初,当时像我这种"稻盛铁粉"似乎还挺少见,名古屋的塾生们听说我特意从东京赶来,皆表示惊讶,因为当时几乎从来没有东京地区的塾生特地跑来名古屋参加例会。

大概因为"稀缺价值",当时他们居然叫我这个从东京跑来的外地塾生充当临时嘉宾并致辞。这让我受宠若惊。

说句题外话,在那次名古屋例会上,知名扬琴演奏家

后记

金亚军应邀前来演奏。其演奏着实精彩动人,如今回想起来,依然余音在耳,恍如昨日。

我记得稻盛先生也对金亚军的演奏颇为感兴趣,他还走到金亚军身旁,久久打量那如羽翅般纤细的乐器,并流露出赞佩之情。

在那次例会上,稻盛先生还亲自高歌了一曲《故乡》,其声情并茂,可谓绝妙。当时整个会场充满了感动的气氛,令与会者彼此之间萌生出了"团结一体"的感情。

还有一次,我记得是静冈的塾长例会。会后酒宴的第二场是在一家宾馆的贵宾厅里,当时我与稻盛先生对坐,一边把盏对饮,一边围绕他的著作《提高心性 拓展经营》,请教与该书内容相关的问题。面对我这个毛头小子的提问,他认真聆听,仔细答疑。不仅如此,他对例会参加者皆热情礼貌,且全程陪着大家直到深夜。当时我心想:"这样的企业经营者,真是绝无仅有了。"

这让我切实感受到了他在日常生活中坚持"有意注意"的品格。

此外,作为塾生,我有幸和他一起去北海道旅游。在塾长讲话和感悟发表会的间隙(比如在旅馆的温泉浴池里或在专车大巴上),他会像孩童一般开心欢闹;在卡拉OK

厅时，他又会热情高歌；而在空巴时，他又会和大家打成一片。在这些场合，能够看到"原生态"的稻盛先生。

而在如此观察和接触稻盛先生的过程中，我对他愈发着迷。其他塾生想必亦是如此。

有一天，我突然悟到，稻盛先生应该是在以身示范，用行动教导塾生"要这样赢得员工的人心""要这样经营企业、带好队伍"。包括如何沟通、如何团结员工等，稻盛先生利用和塾生在一起的机会，等于是在手把手地言传身教。这种宝贵的经验传授，令我醍醐灌顶并感恩不已。另外，我还切实感受到他对"言语力量"的极度重视，他认为"言语之中有神灵"。

从那以后，我愈发关注稻盛先生的一举手一投足，并比之前更加认真地研究他。于是，在不知不觉中，我平时的动作和言语也有了模仿他的迹象。

听说在重振日航时，稻盛先生经常举办空巴，并和参加者一起在卡拉OK高歌。在我看来，这正是他通过率先垂范的方式，以自身行动来教导日航的董事和干部们"何谓经营模范"、"如何与员工交流沟通"以及"何谓理想称职的领导"。

基于这样的感动和感受，在担任盛和塾东京地区的联络总干事时，我发起了面向新塾生的"盛和塾入门讲座"。在举办该讲座时，我尤其推荐塾生当个"稻盛追星族"。通过这种"追星活动"，能够全身心地直接感受到稻盛先生的思想和品格，而这份收获，必能为自己的经营活动带来益处。

至于发起上述"盛和塾入门讲座"的时间，我依稀记得是在20世纪90年代后半段。而直至今日，在东京的盛和塾，该讲座依然在持续举办。

此外，为了照顾实在没法开展"追星活动"的塾生，我当时还发起了月度的"录像观看学习会"，即为塾生播放稻盛先生在盛和塾其他分部的讲话视频，从而让他们学习其中的精神。

再说句题外话，后来"稻盛追星族"的人数不断增加。这样的"铁粉"，据说如今已有数百人。

基于敬天爱人的"稻盛哲学价值链"

京瓷的企业宗旨是敬天爱人。而其经营理念便是该宗旨的具体体现。为了实现该宗旨和经营理念，稻盛经过长年的积累和总结，便诞生了京瓷哲学。

该京瓷哲学的精华部分可谓"经营十二条"，而阿米巴经营则可谓京瓷哲学的"实践空间"。

至于"京瓷会计学",则是旨在达成经营理念而存在的基于会计角度的工具和实现手段。其可谓卓越的会计哲学。

上述的一切皆"以心为本",它们精妙地以"心之经营体系"为载体,串成了一条价值链。通过多年的学习和观察,我切实感受到,稻盛哲学是一个精妙绝伦的价值体系。

从敬天爱人可知,基于"爱人"(关爱员工)的理念,稻盛先生才导出了"追求全体员工物质和精神两方面的幸福"这一企业的存在目的。我如今由此才明白,为什么敬天爱人是京瓷的企业宗旨和理念源泉。

鉴于此,塾生们应通过学习这整条价值链,并实际运用于自己的企业之中,在追求全体员工物质和精神两方面的幸福的同时,为社会和世人做出贡献——这一点最为重要。

承蒙天赐机缘,我也在多家公司的老总和CEO等企业领导的职位上一路历练而来。其间,我愈发理解了稻盛先生的过人之处,以及他那套"心之经营体系"的博大精深。

后记

总之，我们要认真对待和抓住各个机会，来实践所得所学，来实践稻盛哲学。

稻盛尤其重视"心境的清澈"。鉴于此，我也时刻谨记"六项精进"，在各种场合和情况下都尽量做到不忘"净化、纯化和深化"自己的心灵，并努力磨砺和提高自己的心性。

拥有强烈的愿望和敬畏之心

纵观许多企业经营者，他们为何在经营和人生中苦苦挣扎？又为何无法赢得员工的心？

在我看来，这往往是由于缺乏向自己传授"原理原则"且值得敬畏的导师。

此外，意志薄弱亦是原因之一。比如经营者缺乏"无论如何都要达成目标"的强烈心念和信念。

在我看来，若念想够强，则其势必会成真。换言之，假如心想事不成，则应反省自己的"心想"是否够强烈、够坚定。无论对企业经营者还是普通商务人士，这一点都是共通的。

再说回"敬畏"，一旦当上企业经营者或企业领导，由于不存在需要汇报的顶头上司，因此容易骄傲自满，乃至得意忘形。

鉴于此，尤其对企业经营者而言，更应通过践行六项精进来提高心性，并找到一位值得敬畏的导师。而稻盛先生便是再合适不过的导师。

在我看来，作为盛和塾的塾生，若是能真心对稻盛先生抱有敬畏之情，则其自身境界便已接近"货真价实的经营者"了。而若是做不到这一点，则其对稻盛先生的敬仰爱戴也好、学习方法也好、笃信程度也好，或许依然还未到位。

此外，我认为，对众多商务人士乃至普通学生而言，稻盛先生亦是他们人生和事业的最好榜样，是堪称指南针的楷模。

若能以本书为契机，促使各位读者去阅读稻盛先生的诸多著作、去深入学习和理解稻盛先生的思想体系，那我真可谓是喜出望外。

另外，各位读者若是有机会，也可以去参加稻盛先生举办的"市民论坛"，或是直接加入盛和塾。稻盛先生的音容笑貌，拥有令人心平气和的奇妙力量。

观看他的演讲 CD 和 DVD 亦是如此，而若是通过真人真声的现场感受，则更能体会到他的人格魅力。

后记

我祝愿学习稻盛先生的人生和经营哲学的各位读者人生精彩、事业成功。

最后，在对稻盛先生致以深深谢意的同时，也衷心感谢各位读者垂阅本书。

2013 年 9 月

皆木和义

图书在版编目（CIP）数据

1小时读懂稻盛哲学/（日）皆木和义 著；周征文 译.—北京：东方出版社，2025.1.
ISBN 978-7-5207-4100-2

Ⅰ.F279.313.3

中国国家版本馆CIP数据核字第2024B6L893号

ZUKAI　INAMORI KAZUO NO KEIEI HAYAWAKARI
© 2013 Kazuyoshi Minagi
First published in Japan in 2013 by KADOKAWA CORPORATION, Tokyo.
Simplified Chinese translation rights arranged with KADOKAWA CORPORATION, Tokyo through Hanhe International(HK) Co.,Ltd.

本书中文简体字版权由汉和国际（香港）有限公司代理
中文简体字版专有权属东方出版社
著作权合同登记号 图字：01-2024-54779号

1小时读懂稻盛哲学
（YI XIAOSHI DUDONG DAOSHENGZHEXUE）

作　　者：	［日］皆木和义
译　　者：	周征文
责任编辑：	贺　方
责任审校：	孟昭勤
出　　版：	东方出版社
发　　行：	人民东方出版传媒有限公司
地　　址：	北京市东城区朝阳门内大街166号
邮　　编：	100010
印　　刷：	小森印刷（北京）有限公司
版　　次：	2025年1月第1版
印　　次：	2025年1月第1次印刷
开　　本：	880毫米×1230毫米　1/32
印　　张：	6
字　　数：	96千字
书　　号：	ISBN 978-7-5207-4100-2
定　　价：	42.00元
发行电话：	（010）85924663　85924644　85924641

版权所有，违者必究
如有印装质量问题，我社负责调换，请拨打电话：（010）85924602　85924603